JORNADAS DE FE

Selecciones de *El Aposento Alto*

Recopilado por Carmen M. Gaud

Jornadas de fe: Selecciones de El Aposento Alto

Las citas bíblicas, excepto aquellas que así lo indiquen, son de la Versión Reina—Valera, Revisión de 1960.

Otras citas tomadas de Dios Habla Hoy, la Biblia en Versión Popular, 3 era edición. © Sociedades Bíblicas Unidas, 1994.

Diseño de la portada: Jim Bateman
Diseño del interior: Luis M. Alcázar
Transparencia de la portada: Index Stock - Todd Sabelli
Primera impresión: 2000

Sitio del Upper Room ® (El Aposento Alto) en la Web: http://www.upper-room.org

Library of Congress Cataloging-in-Publication Data

Jornadas de fe: selecciones de "El aposento alto" / recopilado por Carmen M. Gaud.

p. cm.
ISBN 0-3858-0922-6
1. Meditations. 2. Large type books. I. Gaud, Carmen M.
II. Aposento alto.

BV4837. J67 2000
242-dc21 00-043632

CONTENIDO

ENCUENTRO

A tiempo y fuera de tiempo

Léase 2ª a Timoteo 4:1-5

Pelea la buena batalla de la fe, echa mano de la vida eterna, a la cual asimismo fuiste llamado.
— 1ª a Timoteo 6:12

CUANDO me incorporé a la Marina de Guerra Argentina, para cumplir con el servicio militar obligatorio, uno de mis instructores, un cabo segundo, era un fiel creyente en Cristo.

Durante un largo viaje que hicimos de Buenos Aires a Mar del Plata, él me habló del Señor Jesús, pero francamente, yo no me interesaba mucho en lo que él decía.

No obstante, él siguió orando por mí, para que la semilla que había sembrado en mi corazón diera su fruto. Oró por tres años.

Después de mucho tiempo, en una ocasión durante un culto unido de mi iglesia con otra congregación, al darme vuelta, me encontré con mi amigo el cabo segundo. El se acercó y me dijo en voz baja, "Estuve orando por vos".

Al escucharlo me eché a llorar, pero de alegría y gratitud por esos tres años que él había orado por mí.

***ORACIÓN*:** Señor, te rogamos que la semilla del evangelio que plantemos dé su fruto para que muchos lleguen al conocimiento de la verdad y de tu amor. Amén.

Pensamiento para el día

Dios quiere que oremos por la semilla sembrada; Dios dará la cosecha.

Eduars Cuenca (Bariloche, Argentina)

Oremos: Por los obreros del Señor.

2

Castillo fuerte

Léase el Salmo 46

Tu guardarás en completa paz a aquel cuyo pensamiento en ti persevera; porque en ti ha confiado.

— Isaías 26:3

LA vida de hoy está llena de turbulencias. El número de seres humanos en la tierra crece sin cesar, mientras el cultivo de los campos disminuye a ritmo acelerado. Plantas y animales se extinguen en forma alarmante. Las personas huyen del campo y se concentran en las ciudades, formando cinturones de miseria cada vez más dramáticos.

Los poderosos sienten que ya no necesitan a Dios. Ellos se vuelven cada día más ricos, mientras los pobres se vuelven cada día más pobres.

¿A dónde vamos y dónde está Dios en todo esto? Hay quien dice que se necesitan nuevos profetas. Yo creo que los profetas, inspirados por Dios, dijeron lo que debían decir. Lo que hace falta son voces que hagan regresar a la convulsiva humanidad a la fuente de paz y equilibrio, a la fuente de justicia y armonía, al Dios que es amor sobre todo.

Solamente teniendo a Dios como eje de la vida y a Jesucristo vivo dentro de sus corazones, los seres humanos pueden abandonar sus ambiciones personales y comenzar a servirse unos a otros, en lugar de servirse unos de otros. La completa paz reina sólo en aquellas personas que construyen su vida sobre fundamentos divinos.

ORACIÓN: Oh Señor, que como pueblo tuyo sintamos la disposición a servirnos mutuamente en amor. Amén.

Pensamiento para el día

¿Qué oportunidades de servir tendré hoy?

Pedro Gulloti (Yucatán, México)

Oremos: Por personas en posiciones de poder.

3 *El amor todo lo soporta*

Léase Hechos 16:25-34

Acordaos de los presos, como si estuvierais presos juntamente con ellos.

— Hebreos 13:3

CONOZCO a una piadosa mujer que ha dedicado gran parte de su vida a ayudar y alentar a los presos con la palabra de Dios. En cierta ocasión, entró a una celda y empezó a hablar con un preso, pero éste, lleno de odio y amargura le dijo: "No me hable de Dios. Si hubiera Dios o existiera un Dios yo no sería tan desgraciado. Tantos años en esta celda sin ver a mi esposa, mis hijos y mi madre; no me diga que hay un Dios, ¡váyase, no quiero saber nada de Dios!"

La mujer salió, buscó a aquella familia y al fin la encontró en un lugar llamado "El Fanguito", enferma, hambrienta; envueltos en harapos, sin nadie que les extendiera una mano amiga.

Esta mujer, respetada por el pueblo y las autoridades, fue por los comercios, pidió ropa, zapatos, medicinas y alimentos; habló con las autoridades para que aquel preso pudiera recibir a su familia. Al verles de nuevo, con lágrimas en sus ojos exclamó: "Ahora sí creo en Dios".

Aquel corazón dominado por el odio y la amargura fue transformado en un corazón dócil rendido ante Dios.

ORACIÓN: Señor, con el amor que tú has puesto en mi corazón, ayúdame a transformar a aquellos que están amargados y atraerles a ti. Amén.

Pensamiento para el día

El amor de Dios transforma al corazón reacio.

América Rivera Bello (Arecibo, Puerto Rico)

Oremos: Por los ministerios en las instituciones penales.

Bálsamo para el alma

Léase 1ª de Juan 1:5-10

La sangre de Jesucristo su Hijo nos limpia de todo pecado.

— 1ª de Juan 1:7

EN casa de mi suegra, en el campo colombiano, hay una costumbre hermosa: aunque nos hubiéramos bañado en el día, por la noche ella traía una vasija llena de agua tibia, y por turno, íbamos lavándonos los pies antes de ir a la cama.

La idea es la de ir a la cama con los pies limpios después de andar por los caminos polvorientos, pero también está la idea del descanso que el agua tibia proporciona a los pies cansados por las duras faenas del día.

Esto me hace pensar en nuestra relación con los pecados diarios. Aunque estemos limpios por la redención de Jesús, necesitamos acudir cada día a lavarnos en el manantial que fluye de la cruz. ¡Qué alivio! ¡Qué descanso experimenta el alma al saberse limpia por la gracia de Dios!

Conozco a personas que van cargando la culpa de pecados del pasado o de cosas que dejaron de hacer. Yo siento gran alivio al saber que a pesar de todo Dios nos recibe, nos perdona y nos anima a seguir adelante en la vida cristiana.

ORACIÓN: Gracias, Señor, por la misericordia tuya en recibirnos y en darnos aliento para continuar viviendo cada día la vida que tú anhelas para nosotros. Amén.

Pensamiento para el día

La gracia divina sana las heridas del pasado y renueva la esperanza para el futuro.

Eunice de Hernández (Aibonito, Puerto Rico)

Oremos: Por las personas atemorizadas por las experiencias del pasado.

5 *Una parábola moderna*

Léase el Salmo 40:1-10

Y me hizo sacar del pozo de la desesperación, del lodo cenagoso; puso mis pies sobre peña, y enderezó mis pasos.

— *Salmo 40:2*

ERA una tarde de invierno. Llovía torrencialmente y una gran cantidad de agua, mezclada con lodo y basura cubría la acera y casi entraba por la puerta de enfrente de la casa. Entre todo eso vi la rama pequeña de un arbusto en flor. La recogí y la planté en una esquina del patio.

El día antes de Navidad estaba yo solo en casa. Mi esposa e hijos estaban fuera y los extrañaba muchísimo. Esa tarde salí al patio y me sorprendió ver que la rama pequeña que había rescatado de entre el lodo y la basura se había transformado en una hermosa planta de flores rojas.

En la vida, he podido ver una transformación semejante en hombres y mujeres, cuyas vidas han sido rescatadas de la desesperación y el pecado al ser puestos en la roca sólida de la fe, Jesucristo.

Por gracia de Dios han llegado ellos a conocer el verdadero significado de la vida nueva y abundante en Cristo.

ORACIÓN: Señor y Dios, te alabamos porque eres la roca eterna donde encontramos fortaleza y seguridad por medio de tu amor que nos redime. Amén.

Pensamiento para el día

Jamás escapamos de la vista de Dios.

Walter Antunes Braga (Río Grande do Sul, Brasil)

Oremos: Por alguien que pasa por un cambio radical en su vida.

El camino de paz

Léase Romanos 3

Y no conocieron camino de paz.
— Romanos 3:17

LA palabra paz es una de las palabras más usadas a lo largo y ancho del planeta. La Organización de las Naciones Unidas (ONU) fue establecida precisamente para velar por la paz mundial.

Cabe preguntarnos, ¿hay paz en la tierra? ¿Conoce el ser humano la paz?

Por supuesto, tristemente, la respuesta es no. La paz para el ser humano moderno es como la panacea que los antiguos alquimistas buscaban y nunca hallaron.

Hace poco en uno de los periódicos mexicanos, encontré estas palabras: "Ya no queremos oír hablar sobre la paz; lo que queremos es la paz".

Vivimos en una era de luces, de conocimiento y adelantos científicos, pero no hay paz. La Biblia nos enseña que el hombre ha equivocado el camino. El único camino a la verdadera paz es Cristo. Él proporciona la verdadera paz. Cristo es el "Príncipe de Paz".

En este mundo jamás habrá la paz, sino hasta que el hombre busque a Cristo, quien es la personificación misma de la paz. ¿Usted, conoce esta paz?

ORACIÓN: Señor y Dios, permite que este mundo sin paz pueda conocerte para que tú lo salves. Amén.

Pensamiento para el día

"Mi alma no hallará descanso, sino hasta que descanse en ti, Señor". Amén. (San Agustín)

Adolfo González (Mixquic, México)

Oremos: Por la paz del mundo.

7 *El poder del Evangelio*

Léase Mateo 5:13-16

Sea vuestra palabra siempre con gracia, sazonada con sal, para que sepáis cómo debéis responder a cada uno.
— Colosenses 4:6

LA sal tenía muchos usos prácticos en la antigüedad. Uno de esos usos era el de preservar las comidas. Seguramente Jesús estaba pensando en éste y otros usos prácticos cuando aconsejó a sus seguidores que fuesen la sal de la tierra.

Así como la sal preserva las comidas, los creyentes debemos preservar la sociedad de la destrucción, participando en el proceso creador de Dios en medio de este mundo.

Esta fue la experiencia que vivimos con un vecino que por muchos años había vivido aislado de los demás. Mediante la oración y la amistad, logramos comenzar el estudio de la Biblia con él. Nuestro vecino, así como su esposa, finalmente tomaron la decisión de entregarse a Cristo. Todo ha cambiado en la vida de este hombre. Ahora ama, comparte y saluda a todo el mundo.

Como personas cristianas podemos sazonar con la sal de la gracia de Dios las vidas de quienes viven marginados o se sienten inaceptables. Tratemos siempre de iluminar con el evangelio los corazones que viven en tinieblas.

ORACIÓN: Ayúdanos a usar nuestros dones para dar a conocer tu amor. Permítenos sazonar con la sal de tu gracia la vida de quienes nos rodean. Lo pedimos por Cristo. Amén.

Pensamiento para el día

Actuemos de modo que el mundo reciba el sabor del amor de Cristo por medio de nuestro testimonio.

Pascual B. Pérez (Sto. Domingo, República Dominicana)

Oremos: Por quienes necesitan sentir la gracia de Dios en sus vidas.

8 *El valor del arrepentimiento*

Léase 2º de Samuel 11:1-27

Si confesamos nuestros pecados, él es fiel y justo para perdonar nuestros pecados, y limpiarnos de toda maldad.
— 1ª de Juan 1:9

UNO de los puntos que me llama la atención al leer el episodio que se narra en 2º de Samuel 11:1-27 es que el rey David, a quien un día se le llama "un hombre conforme al corazón de Dios", aparece en este incidente como quien ha descuidado su comunión con Dios, convirtiéndose en adúltero y asesino.

Nos debe preocupar la posibilidad de que un día decidamos sin motivo aparente cambiar nuestras vidas, y de paso arrastrar a otras personas en nuestros problemas.

Muchas veces somos tentados, pero si clamamos a Dios por su ayuda, somos restaurados antes de que el pecado madure y tome control.

Si el pecado que comienza en la mente no es confesado, pronto damos forma a ese pensamiento, progresando hasta que se convierte en acción. Debemos permitir que Dios nos ayude a detener el deseo de pecar cuando comienza, y hacer del confesar nuestros malos pensamientos un hábito.

Tarde o temprano podemos pecar, nadie está exento de ello. Sin embargo, el reconocer nuestra debilidad no debe avergonzarnos, sino animarnos a clamar a Dios para que nos ayude a vencer.

ORACIÓN: Oh Dios, sabemos que tu fortaleza nos puede hacer vencedores. Ayúdanos a confesar nuestros pecados, y a recibir tu gracia. Por Jesús. Amén.

Pensamiento para el día

Con la ayuda de Dios puedo vencer las tentaciones.

Raquel Hinojosa (Texas, EUA)

Oremos: Por quienes luchan por vencer alguna tentación.

Una parábola en un hogar mexicano

Léase Juan 10:1-11

Yo he venido para que tengan vida, y para que la tengan en abundancia.

— Juan 10:10

FUI con varios de mis alumnos seminaristas a una apartada aldea, en gira de predicación. Los creyentes y los vecinos llenaban el hogar que nos recibió. Unos se sentaron en la cama rústica; la mayoría tuvo que quedarse de pie. Lolito, muchacho inválido como de ocho años de edad, se arrastró por el suelo de tierra y tomó su lugar enfrente.

Sentado en la cama, un estudiante dirigía los himnos tocando el acordeón. Los hermosos ojos negros de Lolito resplandecían más conforme avanzaba el culto. Después de cantar los himnos favoritos de los presentes, aquel estudiante tomó a Lolito, y lo sentó en la cama. ¿Qué himno quieres que cantemos? Al instante respondió: "¡Cuán grande es Él!" Y Lolito, desde la altura en que estaba, se unió gozosamente en el canto de este bello himno.

Fue una parábola. La iglesia debe impartir la vida abundante que Cristo da; debe levantar a los Lolitos de nuestra sociedad, inválidos de cuerpo y alma, para que reciban vida nueva en Cristo.

ORACIÓN: Oh Dios, te alabamos por la bendición que disfrutamos de pertenecer a tu iglesia. Ayúdanos a ser instrumentos en tus manos, para que otros disfruten la vida abundante que ya tenemos, mediante Cristo Jesús, nuestro Salvador. Amén.

Pensamiento para el día

La iglesia existe como instrumento de Dios para impartir vida abundante al mundo.

Ariel Zambrano (México)

Oremos: Por los seminaristas.

10 *El pan y el vino*

Léase 1ª a los Corintios 11:23-26

Habiendo tomado la copa, dio gracias...tomó el pan y dio gracias.

— Lucas 22:17-20

EL pan y el vino son dos alimentos para el cuerpo. El vino ha sido usado por siglos como medicina, y del pan se dice que "es bueno para todos". Jesús usó estos dos elementos como símbolos de su cuerpo y su sangre al instituir la Santa Comunión. En este acto, Jesús los convierte en símbolos del alimento sano y nutritivo para nuestro espíritu.

Al participar de la Cena, recordamos la muerte de Jesús en la cruz; proclamamos su resurrección; anunciamos su segunda venida; manifestamos públicamente nuestra comunión con Dios y con nuestros hermanos, y el compromiso de servirnos mutuamente en amor cristiano. Es un medio de gracia para todo creyente que anhele una vida a la imagen de Cristo para honra y gloria de Su nombre.

Cuando participamos de la Cena, somos alimentados y fortalecidos espiritualmente para continuar la obra de reconciliación en este mundo comenzada por Jesús. Celebremos la Cena digna y gozosamente, con acción de gracias.

ORACIÓN: Te agradecemos, Padre nuestro, porque has provisto para todas nuestras necesidades, tanto materiales como espirituales. En el nombre de Jesús. Amén.

Pensamiento para el día

La Cena del Señor no es para 'santos', sino para creyentes que desean más de Dios.

Virginia Soto A. (San José, Costa Rica)

Oremos: Por que aprovechemos los medios de gracia que Dios ofrece.

RELACIONES

Viviendo en comunicación con Dios

Léase Job 42:2-5

Jehová se manifestó a mí hace ya mucho tiempo, diciendo: Con amor eterno te he amado; por tanto, te prolongué mi misericordia.

— Jeremías 31:3

TODOS poseemos nuestro propio idioma interior que usamos al hablar con Dios. Esto lo experimenté antes de mi conversión, siendo un joven trabajador en los campos de cultivo.

Después de concluidas las duras labores del día, regresábamos a nuestras viviendas caminando entre los sembradíos por varios kilómetros.

Sintiendo la necesidad de estar solo, yo me separaba del grupo perdiéndome entre trigales de verdor increíble y contemplaba maravillado el sol que, en el ocaso, daba color a un cielo limpio. Había vida por todas partes y yo la podía sentir, disfrutar y agradecer.

Hoy reconozco que Dios me hablaba a través de su creación, en aquellos campos que eran parte de mi vida y caminando conmigo entre los surcos, me invitaba a conocerle en el idioma que un campesino entiende.

Han pasado ya veinte años y mi lenguaje interno se ha ido transformando, pero hay algo que no ha cambiado: Dios aún me comprende, me ama y camina a mi lado.

ORACIÓN: Dios y Señor, sabemos que dondequiera que estemos podemos escuchar tu voz. Amén.

Pensamiento para el día

Dios nos habla en forma muy personal a cada uno.

Francisco Duarte (California, EUA)

Oremos: Por los campesinos.

12 *Olvidar resentimientos*

Léase Romanos 12:9-17

Amaos los unos a los otros con amor fraternal; en cuanto a honra, prefiriéndoos los unos a los otros.
— Romanos 12:10

HOY vino mi hermano de visita. Hacía muchos años que no nos frecuentábamos, y entre los dos se fue formando un abismo de resentimientos.

Lo que yo creí era falta de amor de él para mí y mi familia, él juzgó como alejamiento mío.

Al verlo viejo y cansado, pensé: ¿por qué perdimos tantos años alejados sin demostrarnos amor; sin compartir nuestras penas y alegrías?

Pudimos haber gozado de tantos momentos de comunión familiar, compartiendo con él, que vive solo, el cariño de mis hijos.

Dios permita que todavía haya tiempo

para reparar ese error de incomprensión y olvido.

ORACIÓN: Dios y Señor, ayúdame a reparar mis errores, olvidar resentimientos, y tender un puente de amor entre mis seres queridos, antes de que sea demasiado tarde. Te lo suplico en el nombre de tu Hijo, en quien somos reconciliados contigo. Amén.

Pensamiento para el día

Lo que hacemos y pensamos de otros puede ser lo que recibamos de ellos.

María C. de Vera (Coyoacán, México)

Oremos: Por que haya reconciliación entre familiares que estén distanciados.

13 *Amor que permanece*

Léase Romanos 8:35-39

Las muchas aguas no podrán apagar el amor, ni lo ahogarán los ríos.
— Cantar de los Cantares 8:7

MI familia y yo estábamos en el proceso de ir a vivir a otro país. Era época de lluvias y, mientras hacíamos los trámites para retirar la mudanza de la aduana, hubo varias tormentas que derribaron galpones y depósitos en el aeropuerto.

Después de tres semanas, recogimos nuestras pertenencias y, al abrirlas, comenzó a salir agua por todos lados. Nos llenamos de espanto al ver los hongos verdeando zapatos, ropas, libros, documentos, fotografías y utensilios de cocina.

Sólo un pequeño cuadro se "salvó": una foto ampliada de toda la familia. El hecho nos ayudó a reconocer que no hay desastre natural o provocado que pueda acabar con el amor que nos une. Hoy estamos más livianos de cosas materiales, pero continuamos cargados de amor, amor para repartir a diestra y siniestra.

Podemos entender lo que dice el apóstol Pablo: *"¿quién nos separará del amor de Dios?"* Así como nuestra familia ha permanecido unida en amor a pesar de los cambios y las tormentas, Dios nos guarda en su amor siempre.

ORACIÓN: Gracias, Señor, porque nos ayudas a reconocer en el diario vivir la importancia vital del amor. Concédenos compartir el amor que de ti recibimos. Amén.

Pensamiento para el día

¿Expreso agradecimiento al Señor y a mis semejantes por el amor que me dan?

Eunice Arias (Salinas, Uruguay)

Oremos: Por alguien a quien debemos expresar agradecimiento.

Con su mente puesta en Dios

Léase el Salmo 62:5-8

Mas yo en tu misericordia he confiado; mi corazón se alegrará en tu salvación.

— Salmo 13:5

HACE muchos años, en una sala de espera de un médico cancerólogo de la ciudad de México, estaban dos pacientes. Había una señora de 60 años, ama de casa, creyente en Cristo y mujer de oración que estaba consciente del mal que le aquejaba. A su lado, un actor de cine de fama internacional, esperaba también su turno.

Tocó consultar a la dama primero, quien angustiada escuchó el diagnóstico del doctor: cáncer avanzado, con posibilidad de vivir a lo sumo, tres meses más.

Reunió a su familia, y les leyó una carta para su hija ausente en la que la animaba a aceptar la voluntad divina y con valor siguió el consejo médico, testificó del

Señor en todo momento y aprendió a sonreir en medio del dolor. Murió con su mente puesta en Dios.

El actor de cine, al día siguiente del diagnóstico, se suicidó. Todos los periódicos publicaron la triste noticia. En el corazón de su compañera de consulta, esa determinación desesperada de alguien que carece de fe, quedó como una espina clavada.

De este relato que en su crudeza y simplicidad dice tanto, lo que más me impresiona al escribirlo es que la mujer a quien me refiero FUE MI MADRE.

ORACIÓN: Señor, ya sea en salud o enfermedad quiero buscarte y, tomada de tu mano, así vivir y morir. Amén.

Pensamiento para el día

Dios es nuestra ayuda en momentos de angustia.

Berta Todd de Villalpando (Monterrey, México)

Oremos: Por los que sufren cáncer.

15 El don de la vida

Léase 1ª de Juan 5:6-12

Yo he venido para que tengan vida, y para que la tengan en abundancia.

— Juan 10:10

EN un período en que mi padre, de 86 años, estuvo enfermo, su pastor —un ministro joven— lo visitó. Se sentó a su lado y le habló con cariño tratando de animarlo. Mi padre le dijo: "Aquí estoy, pastor, pero el Señor no quiere llevarme".

El joven ministro le preguntó: "¿Por qué quiere irse? ¡La vida es muy linda!"

Su respuesta me sorprendió, pues esperaba que le dijera algo relacionado con la vida del más allá.

Mi padre se alivió y pudo levantarse. Hoy, a los 87 años hace caminatas cortas y se vale por sí mismo. Para muchos es un ejemplo de amor a la vida.

Hoy día hay tanta gente joven que desprecia su existencia y le resta valor al hecho maravilloso de vivir. En algunos casos, atentan contra su vida quitándosela. La vida es un don precioso que Dios ha dado. Jesús dijo: *"He venido para que tengan vida ... "*, es decir, para que vivamos con gratitud y alegría el momento presente, porque ambos, hoy y mañana, le pertenecen a Dios.

ORACIÓN: Gracias, Padre, porque en todo momento nos instas a valorizar la vida. Ayúdanos a amarla siempre, en días de salud y en los días de enfermedad. Amén.

Pensamiento para el día

Cristo es la base inconmovible de nuestra vida.

Silvia E. Salomón (Rosario, Argentina)

Oremos: Por los ancianos enfermos.

16 *Aprendiendo a amar*

Léase 1ª de Juan 4:7-11

Un mandamiento nuevo os doy: Que os améis unos a otros; como yo os he amado, que también os améis unos a otros.

— Juan 13:34

EL matrimonio de uno de mis hijos me causó dolor porque la novia no era de mi agrado, pero tuve que aceptarla como nueva miembro de la familia.

El tiempo iba pasando sin que el amor hacia ella naciera en mi corazón y no me preocupaba porque la situación cambiara.

Un día, mi hijo más pequeño me dijo: "Mamá, tú eres mi maestra en la escuela dominical y nos has enseñado que todos debemos amarnos como Cristo nos amó. ¿Por qué tú no quieres a Sarita?"

Sus palabras fueron fuego en mi corazón y me avergoncé de mi proceder. "¡Tengo que amarla!" me dije interiormente y a mi hijo le contesté: "Hijito, gracias por tus palabras, y aquí, delante de toda nuestra familia, te prometo pedirle a Dios todos los días que me dé amor para Sarita".

Dios tuvo misericordia y me lo concedió. Con el tiempo llegué a quererla como a mi propia hija. Él tiene muchas maneras de mostrarnos el camino recto; en mi caso se valió de un niño. Bendito sea para siempre Su santo nombre.

ORACIÓN: Gracias, Señor, porque tú nos muestras nuestros errores y nos das gracia y poder para vencerlos. Amén.

Pensamiento para el día

En Cristo encontramos la solución de nuestros problemas.

H.M. de Zambrano (Jalisco, México)

Oremos: Por las personas que viven en enemistad.

Puentes angostos y ríos profundos

Léase Hebreos 12:12-15

Fortalezcan a los débiles, den valor a los cansados.
— Isaías 35:3 (VP)

PARA poder llegar al sitio donde vive una tribu de aborígenes, tenía que cruzar dos ríos formados por profundos desfiladeros unidos por puentes angostos hechos de troncos de árboles colocados de una orilla a otra.

El primero tenía un pasamano hecho de lianas. Pero el segundo estaba a tal altura, y el río a tal profundidad que me dio mucho miedo el tener que cruzarlo.

Alguien me sugirió: "Pon tus manos sobre los hombros de la persona que va delante y fija tu mirada en la otra orilla". Así lo hice, y logré cruzar sin temor. Fue como si caminara por un camino firme y bien pavimentado.

El puente, la altura y el río no habían cambiado; lo que cambió fue mi temor cuando coloqué mis manos sobre los hombros de la persona que iba delante, pudiendo así cruzar con pasos firmes y sin temor.

Recordé que a través de la vida, ha sido mi contacto con Dios lo que me ha ayudado a cruzar los puentes altos y ríos profundos que he encontrado a mi paso.

ORACIÓN: Señor, ayúdame a estar consciente de tu presencia cuando trato de superar los problemas que se presenten. Ayúdame a auxiliar a otros cuando ellos crucen sus propios puentes. Amén.

Pensamiento para el día

¿Extiendo yo mi ayuda a otros para que puedan cruzar los puentes angostos de su vida?

Maritza Crespo (Caracas, Venezuela)

Oremos: Por alguien que necesita sentir la presencia de Dios.

18

Dispuestos a obedecer

Léase 1ª de Juan 4:7-12

Fui forastero, y me recogisteis.
— Mateo 25:35

YA era tarde una fría noche de invierno en Brasil. Mi hijo y yo íbamos regresando a nuestra casa; y en eso vimos que alguien se arrastraba muy penosamente hacia nosotros. Era una anciana que hablaba con suma dificultad; nos explicó que estaba perdida y que no recordaba dónde estaba su casa.

La llevamos al más cercano albergue público para desamparados como ella; pero estaba lleno. Mi hijo sugirió que la lleváramos a la respectiva estación de policía, para que allí nos ayudaran. Uno de los dos policías que estaban de guardia nos oyó con enfado, y nos negó toda ayuda. El otro fue más compasivo y estaba dispuesto a hospedarla en su casa.

Cuando los dos policías se acercaron a

la pobre anciana desamparada, la oímos exclamar con gozo y alivio: "¡Gilberto, hijo mío! ¡Qué bueno que estás aquí!" Era la madre del policía que unos momentos antes se había negado a ayudarnos.

Debiéramos estar siempre dispuestos a obedecer el mandamiento del amor. De muchas maneras Dios escudriña nuestro corazón para probar el amor que debiera haber y palpitar allí.

ORACIÓN: Padre misericordioso, danos tu espíritu de amor y servicio. Quita de nosotros todo egoísmo. Concédenos verdadero espíritu de hospitalidad. Te lo rogamos en el nombre de Cristo Jesús. Amén.

Pensamiento para el día

Lo que el mundo más necesita ahora es amor.

Benedicto Simoes Netto (Brasil)

Oremos: Por que tengamos disposición de servir.

19 *Den gracias por todo*

Léase el Salmo 92:1

Bueno es alabarte, oh Jehová.
— Salmo 92:1

POR las mañanas, al levantarme me dirijo habitualmente a la cocina para preparar el café. Llevo seis años viviendo en esta ciudad donde nunca hay deficiencia en el suministro de energía eléctrica ni de agua, así que al abrir la llave siempre brota un abundante chorro de agua, ya sea fría o caliente.

Hace varias semanas me fui, como de costumbre, a la cocina, y cuál fue mi sorpresa cuando al abrir la llave no brotó el acostumbrado y necesario líquido.

Mi reacción inmediata fue de exasperación, y malhumorado exclamé, apoyando mis manos en el lavaplatos, "¡Oh! Dios mio" es decir, clamé a Dios, exigente y molesto.

Durante esos segundos de frustración, por primera vez reconocí que, durante esos seis años, jamás le había dado gracias a Dios por el agua abundante que encontraba cada mañana al abrir la llave.

ORACIÓN: Padre Santo, gracias por tu generosidad al darnos tantas cosas que no merecemos. Perdona nuestra ceguera e ingratitud, y bendícenos con una mayor comprensión de tu providencia y bondad. Por amor de tu Hijo, nuestro Señor. Amén.

Pensamiento para el día

Alabemos a Dios en cada momento y démosle gracias por la abundancia de sus dones.

Mariano Batista (Nueva York, EUA)

Oremos: Para que haya agua donde hay sequía.

20 *Oraciones de los Salmos*

**Léase el Salmo 27:7-14;
Lucas 24:44-49**

Mi corazón ha dicho de ti: Buscad mi rostro. Tu rostro buscaré, oh Jehová.

— Salmo 27:8

EN una estación de ferrocarril en Brasil, varios miembros de la sociedad juvenil de una iglesia buscaban a un compañero suyo que partía como soldado a la segunda guerra mundial. Por fin lo hallaron, lo alentaron y confortaron en esa hora de necesidad. Le dieron un libro de los Salmos como regalo de despedida de parte de la iglesia.

Ese librito vino a ser como una especie de calendario para él, no sólo durante el largo viaje, sino también durante los meses interminables que pasó en el frente de guerra italiano. Leía un salmo cada día, y así sabía cuántos días había estado lejos de su patria y de su familia. Pero sobre todo, esas lecturas diarias le infundieron consuelo y fortaleza. Las bellas oraciones de los Salmos lo ayudaron a estar en constante comunión con su Señor.

En todo lo que nos pasa en la vida, no hay otro recurso mejor que la Palabra de Dios para fortalecernos en nuestras luchas, y así vencer el corrosivo desaliento y la dolorosa desesperación.

ORACIÓN: Enséñanos a ser fieles a ti y a perseverar en nuestra confianza en tu poder divino. Lo rogamos por amor de Jesús. Amén.

Pensamiento para el día

Con fe acudimos a Dios en busca de orientación, y él nos la da por medio de la oración.

J. M. da Silva Machado (Brasil)

Oremos: Para que recibamos luz por la lectura de las Escrituras.

21 *Con rumbo desconocido*

Léase Génesis 12:1-9

Pero Jehová había dicho a Abram: Vete de tu tierra y de tu parentela, y de la casa de tu padre, a la tierra que te mostraré.

— Génesis 12:1

LA experiencia traumática de tener que abandonar su tierra y su familia para buscar fortuna en otras tierras debió ser desgarradora para Abram.

Cuando clausuré mi negocio en Puerto Rico por causas ajenas a mi voluntad, no pude encontrar trabajo y tuve que adoptar medidas drásticas que significaron el dejar a mi familia, mi tierra y mi iglesia. Sentí, al hacer esa decisión, como el patriarca Abram, profunda incertidumbre.

En el avión, entre lágrimas y tristeza, recurrí a mi Biblia y a *El Aposento Alto*. Cuál fue mi sorpresa al descubrir que la lectura de ese día era la mencionada arriba. ¡Cuánto gozo me produjo ésta al recordarme que estaba en las manos protectoras de mi Dios!

El Señor me guió en la solución de los problemas de mi adaptación a una tierra extraña en búsqueda de un nuevo empleo. También hizo posible el traslado de mi familia a mi lado y el que encontráramos y nos afiliásemos a una iglesia en la que ahora todos le alabamos juntos.

ORACIÓN: Gracias, oh Dios, por guiarnos por el camino de nuestro peregrinar por el mundo. Ayúdanos a confiar en tus decisiones. Amén.

Pensamiento para el día

Cuando el mundo nos cierra una de sus ventanas, Dios nos abre una puerta enorme.

Héctor E. Méndez Márquez (Florida, EUA)

Oremos: Por los que enfrentan cambios en su vida.

22 *Aprendiendo como niños*

Léase Mateo 5:1-12

De cierto os digo, que si no os volvéis y os hacéis como niños, no entraréis en el reino de los cielos.

— *Mateo 18:3*

UN periódico de mi ciudad publica un artículo diario en que el escritor relata incidentes de la vida diaria. Recuerdo que en uno de estos se mencionaba la lección que una criatura dio en cierta ocasión.

El escritor decía que un día que tomó el ascensor, una niña de unos diez años de edad le acompañó. Ella iba al tercer piso y él al décimo. Bromeando con ella le dijo: "Yo voy más arriba porque quiero estar más cerca del cielo". "¿Y por qué quiere estar cerca del cielo?", preguntó ella. "Para poder ver a Dios", respondió él.

Al abrirse la puerta del ascensor y salir la niña, le dijo: "Para poder ver a Dios usted no necesita subir porque Dios está en el corazón".

Hasta un niño entiende esto. Dios vive en nuestro corazón por medio del Espíritu Santo. Necesitamos estar conscientes de su presencia, sobrellevar con él las dificultades de la vida, así logrando solucionar nuestros problemas.

ORACIÓN: Señor, concédenos sentir tu presencia en nuestro corazón cada momento de la vida. Amén.

Pensamiento para el día

Dios no está arriba o afuera, sino en nuestro interior.

Jacyra S. Fernandes Silva (Brasil)

Oremos: Por los escritores(as).

23 *Testimonio de la fe de los "pirquineros"*

Léase 1ª a los Tesalonicenses 1:2-10

Partiendo de vosotros ha sido divulgada la palabra del Señor ... vuestra fe en Dios se ha extendido.
— 1ª a los Tesalonicenses 1:8

DURANTE el último invierno en Chile, debido a las inundaciones se perdieron muchas vidas y hubo cuantiosas pérdidas materiales. Al sur del país hay varias minas de carbón y a los mineros que trabajan al margen de esas empresas carboníferas, sin métodos ni recursos suficientes, se les llama los pirquineros.

En una de esas minas, una inundación causó un derrumbe, y quedaron atrapados dos mineros. La operación de rescate fue ardua y lenta.

No hubo forma de proporcionarles alimentos y cuando por fin lograron sacarlos, los periodistas les preguntaron: "¿Cómo pudieron ustedes resistir así tanto tiempo?

¿Qué hacían?" La respuesta de uno de ellos fue sencilla: "Hablábamos de la Biblia".

Así fue, su fe los mantuvo tranquilos aun cuando su vida estaba en peligro. ¡Qué grata lección de fe para los que nos desesperamos por cualquier contratiempo!

El testimonio de esos pirquineros es un ejemplo para otros que puedan encontrarse en una situación similar o en peligro de perder la vida.

ORACIÓN: Gracias, Señor Jesús, porque tenemos la seguridad de que nuestro Padre celestial nos escucha y nos sostiene con su misericordia. Amén.

Pensamiento para el día

Grande es Dios y digno de ser alabado por su bondad y misericordia.

Jessie de Montero (Villa Alemana, Chile)

Oremos: Por los pirquineros.

El cristiano y el sufrimiento

Léase Romanos 8:28-39

Y sabemos que a los que aman a Dios, todas las cosas les ayudan a bien, esto es, a los que conforme a su propósito son llamados.

— Romanos 8:28

EL ser humano en su peregrinar por el mundo está sujeto a experimentar el dolor. Éste le sigue por doquier. Nadie está exento de aflicciones, engaños, fracasos, angustias. ¿Cuántas veces nos hemos visto rodeados de ellos?

Reaccionamos de múltiples maneras ante el dolor. Llegamos a dudar de la bondad de Dios, y a veces se endurece nuestro corazón contra el Señor.

Alguien pudiera decir: "Siempre he procurado hacer lo bueno, ¿por qué me prueba el Señor de esta manera?" Otros se encubren con sus penas y dejan de ser cubiertos por su amor.

El cristiano que siente fe en su corazón anda con Dios alentando fe en los demás. El cristiano puede y debe hacer que el sufrimiento llegue a conducirle a disfrutar de una más íntima comunión con Dios, y por medio de esta comunión ser mejor discípulo y testigo.

ORACIÓN: Padre amoroso, gracias te damos porque en el tiempo de tribulación, tú siempre estás muy cerca de nosotros y nos consuelas. Concede que en el tiempo de ansiedad a causa de la tribulación o enfermedad, hallemos en ti el consuelo y el amor que no tienen fin. Amén.

Pensamiento para el día

Cristo está muy cerca; siempre nos ayuda y consuela.

Joan Marqués (Barcelona, España)

Oremos: Por quienes por enfermedad o por enfriamiento se han alejado de la fe.

25 ¿Qué ofrendamos a Dios?

Léase Marcos 12:41-44

Y trajisteis lo hurtado, o cojo, o enfermo, y presentasteis ofrenda. ¿Aceptaré yo eso de vuestra mano? dice Jehová.
— Malaquías 1:13

RECIÉN convertido, al pagar mis compras en una tienda, la cajera me dio un billete de más, y a pesar de que mi conciencia me impulsó a devolverlo, dudé hacerlo, justificándome en que la mayor parte de los artículos que había comprado tenían reetiquetados los precios, y en mi vacilación, me quedé con el billete.

El mismo billete que por error me habían dado de más, lo di de ofrenda en la iglesia, tratando así de eludir el reclamo de mi conciencia, aduciendo las necesidades económicas de mi pequeña iglesia.

La mañana siguiente, al estar conversando con mi esposa de la forma maravillosa en que Dios nos habla, tenía mi Biblia en las manos. Sin pensar, la abrí y mis ojos se posaron en Malaquías 1:13, el cual no sabía que existiera. Con asombro y llanto leí y releí: *"y trajisteis lo hurtado ... y presentasteis ofrenda".*

ORACIÓN: Gracias, Señor, que nos enseñas tu verdad y nos muestras tu camino con sabiduría. Concede que la luz de tu palabra nos guíe cada momento de nuestra vida, en Cristo Jesús, Señor nuestro. Amén.

Pensamiento para el día

"Bienaventurado el hombre a quien tú, Jah, corriges, y en tu ley lo instruyes". (Salmo 94:12 VRV)

Antonio Vázquez Villalpando (Tlalnepantla, México)

Oremos: Por los recién convertidos a Cristo.

26

Una cosa más

Léase Isaías 30:15-21; Hechos 1:1-8

Aguarda a Jehová; esfuérzate, y aliéntese tu corazón; sí, espera a Jehová.

— Salmo 27:14

EL misionero M. C. Surgeon, precursor entre los indios guayamíes de Panamá, me enseñó una lección. A veces necesitaba él hasta veinte cargadores indígenas para llevar la impedimenta hasta lo alto de las montañas. Pero los cargadores nos constreñían a emprender la marcha antes del amanecer.

Teníamos que llegar a cierto lugar antes de que cayeran los aguaceros de mediodía y se hincharan los ríos y no pudiéramos pasar por los vados.

Cuando todo estaba listo, Surgeon decía : "Una cosa más". Y de rodillas le rogaba a Dios que tomara el mando. Solía añadir: "Si no le damos cuerda al reloj, no camina. Si no dejamos que Dios vaya por delante, tal vez no lleguemos allá".

¡Cuán fácil es olvidarnos de Dios, y confiar en nuestros propios planes cuidadosamente trazados! Siempre hay peligro de que al salir al mundo, confiemos en: la organización, pero sin Dios; las palabras, pero sin poder; los argumentos, pero sin nuevas; la razón, pero sin convicción.

ORACIÓN: Padre celestial, perdónanos porque nos hemos olvidado de ti, y nos hemos adelantado a ti. Ayúdanos a recordar las palabras del Señor Jesús: "Separados de mí nada podéis hacer". Amén.

Pensamiento para el día

Es mejor aguardar al Señor, que vagar sin rumbo por nuestra necedad.

Ephraim S. Alphonse (Panamá)

Oremos: Por alguna situación que debamos dejar en manos de Dios.

Paciencia para obtener la promesa

Léase Hebreos 10:35-36

No perdáis, pues, vuestra confianza, que tiene grande galardón; porque os es necesaria la paciencia, para que habiendo hecho la voluntad de Dios, obtengáis la promesa.

— Hebreos 10:35-36

HABÍAN pasado diez largos años de matrimonio y no había tenido hijos. La tristeza y la ansiedad siempre me acompañaban, sobre todo cuando había un nacimiento en la familia.

Yo oraba mucho por esto, y llegué a pensar que el Señor se había cansado de mis súplicas, que no me oía.

Un día, un grupo de amigas se reunió en mi casa y formamos un patronato para servir a los niños desvalidos y ayudar a un asilo de ancianos que estaba muy descuidado. Allí en medio de toda esa pobreza, del sufrimiento de los niños enfermos y mal alimentados, dándoles mi tiempo, mi atención y mi afecto, fui poco a poco, olvidando mis necesidades.

Comprendí que compartiendo esos momentos con los niños y los ancianos, crecía espiritualmente y que el Señor me estaba preparando para ser, además de una verdadera cristiana, una mejor madre. Un año más tarde nació mi hijo.

ORACIÓN: Señor, gracias por hacerme ver que primero hay que dar para recibir. Amén.

Pensamiento para el día

En medio de la desesperación debemos olvidarnos un poco de nosotros mismos, poner nuestra confianza en Dios y servirle.

Jane Gómez (Florida, EUA)

Oremos: Por los que oran y no reciben respuestas inmediatas.

28

Fe para cada día

Léase el Salmo 145:10-21

Cercano está Jehová a todos los que le invocan, a todos los que le invocan de veras.

— Salmo 145:18

MAJESTUOSO y perpetuamente cubierto de nieve se yergue el picacho llamado El Illimani, a semejanza de centinela sobre la ciudad de La Paz, Bolivia. A veces se esconde tras las nubes por varios días y se pierde de vista. Pero aunque no se ve, estamos seguros que allí está. Cuando por fin las nubes se disipan y los rayos del sol iluminan aquel pico, se ostenta más glorioso que nunca.

Las preocupaciones y las penas de la vida diaria suelen ocultarnos la presencia de Dios. El corazón se siente tentado a entregarse a la desesperación más honda. Es entonces, cuando debemos darnos cuenta que el Todopoderoso, aunque invisible, está siempre a nuestro lado.

Dios está tan cerca que cuando se han disipado los nubarrones de nuestro infortunio, descubrimos que su gracia no ha dejado de resplandecer aunque la ocultaban nuestras tristezas. En su infinita bondad, está pronto a auxiliarnos mediante la presencia y poder del Espíritu Santo.

ORACIÓN: Oh Señor, te damos gracias porque siempre estás con nosotros. Concede que las dificultades que nos circundan sólo sirvan para hacer resplandecer más tu amor. En el nombre de nuestro Salvador. Amén.

Pensamiento para el día

Depositar nuestra fe en Dios es poseer la certidumbre de que contaremos con su auxilio a cada momento.

I. A. Fernández (Bolivia)

Oremos: Por que mantengamos nuestra fidelidad a pesar del silencio aparente de Dios.

29

"Pues... ¡amar!"

Léase 1ª de Juan 4:9-11

No habéis recibido el espíritu de esclavitud … [sino] el Espíritu de adopción, por el cual clamamos: "¡Abba, Padre!"

— Romanos 8:15

DESDE que mi hijo Rodrigo era pequeño, comencé a explicarle por qué lo habíamos adoptado; cómo habíamos orado y llorado por él, y qué completo sentíamos el hogar con su presencia. Un día, quise verificar si mis explicaciones habían sido claras. "Te he contado varias veces que te adoptamos, hijito, pero... ¿entiendes lo que es adoptar?" Guardó silencio, y luego con toda la determinación del mundo dijo: "Pues... ¡amar!"

Yo, la verdad, esperaba que por su pensamiento de niño de 3 años hiciera un relato anecdótico de los hechos. Confieso que al principio pensé que de nada había servido mi esfuerzo por hablarle con la verdad. Pero el Señor abrió mi entendimiento: mi hijo había comprendido mejor que yo que ese acto voluntario de adoptarlo era un acto voluntario de amarlo.

Cuando busco entender por qué el Señor Jesús quiso adoptarme, me doy cuenta que no hay explicación más convincente que aquella tan sencilla de Rodrigo. Amo a mi Señor porque él me amó primero; me alcanzó y me dio un espíritu libre de todo temor. Esto es lo que necesito entender.

ORACIÓN: Bendito seas, Señor, porque puedo amarte gracias a que tú me amaste primero. Amén.

Pensamiento para el día

Nuestra salvación es prueba del amor de Dios.

Diana Guardiola (Monterrey, México)

Oremos: Por que haya amor, verdad y libertad entre padres e hijos adoptivos.

30

Una raíz deforme

Léase Isaías 52:13 al 53:6

El Señor quiso que su siervo creciera como planta tierna que hunde sus raíces en la tierra seca.
— Isaías 53:2 (VPEE)

LE pedí a mi esposo que cortara un arbolito que da unas flores sencillas que a veces son rojas, y a veces color de rosa. Mientras lo cortaba tuvo que suspender la tarea cuando sólo faltaba extraer parte de la raíz y un pedazo maltrecho quedó allí. Hoy en la mañana me di cuenta que tenía hojas nuevas.

Ese pedazo de raíz, irreconocible por los golpes del hacha, tiene ahora nuevos retoños y la parte fea no se ve, pues está totalmente cubierta de nuevas hojas.

Hacía tiempo que yo tenía problemas en casa con mis hijos, mi esposo y conmigo misma y este incidente me ayudó a reconocer que todo dependía en que yo echara de mí las raíces de amargura, resentimiento, pereza y otras cosas más.

Me vi como esa raíz, desfigurada por el pecado y casi moribunda. A partir de esto, y empezando por reconocer mis pecados, confesarlos y pedirle a Dios su perdón, he dejado la puerta abierta para que él me dé *"un corazón limpio y renueve un espíritu recto dentro de mí"*.

ORACIÓN: Gracias, Señor, porque tu amor por mí no se ha extinguido y porque siento tu presencia en mí. Amén.

Pensamiento para el día

Nuestros fracasos no perduran si confiamos en Dios.

Amelia Meza de Silva (Coahuila, México)

Oremos: Por las familias.

Confiados en medio de la adversidad

Léase el Salmo 34

Acerquémonos, pues, confiadamente al trono de la gracia, para alcanzar misericordia y hallar gracia para el oportuno socorro.

— Hebreos 4:16

HACE muchos años, un tremendo huracán sacudió el valle del Río Grande, provocando a su paso destrucción y muerte. La angustia y el terror se mostraban en los rostros de la gente, al ver cómo volaban los techos y partes de las casas. Recuerdo aún el bramido del viento furioso intentando levantar el techo del lugar donde nos refugiábamos.

Algo que me impresionó profundamente y proporcionó una lección inolvidable fue el contemplar cómo las palmeras eran azotadas por el viento, obligándolas a doblarse hasta tocar el suelo; pero que después de pasada la tormenta permanecían derechas como si nada les hubiera ocurrido.

¡Cómo nos consuela saber que, si nos refugiamos en el Señor al ser golpeados por la vida, encontraremos fortaleza y socorro para sostenernos firmes en la fe!

Dios nos ama y nos cuida; sólo espera que nos acerquemos confiadamente a él.

ORACIÓN: Bendito Señor, permite que nuestra fe en ti no se vea afectada por ninguna circunstancia, sino que al contrario podamos acercarnos a ti confiando plenamente. Amén.

Pensamiento para el día

Acerquémonos confiadamente al Señor, compartamos con él nuestras necesidades y hagamos nuestras sus promesas.

Francisco Campos G. (Texas, EUA)

Oremos: Por las personas que sufren angustia o desolación.

32 *La oración transforma*

Léase el Salmo 89:1-8

¿Hasta cuándo, oh Jehová, clamaré, y no oirás?
— Habacuc 1:2

EN el curso de la conversación, un miembro de la iglesia se expresó así: "Dios no siempre contesta nuestras oraciones". Al pedirle explicaciones un amigo, añadió: "Creo que Dios a veces contesta con el silencio".

¿No serán estos silencios verdaderas contestaciones de parte del Dios de amor? En muchas ocasiones seguramente no lo entenderemos así; pero no hay razón. Aunque sea difícil creerlo, aun en su silencio Dios tiene propósitos sublimes para sus hijos e hijas.

Estos silencios de Dios a veces nos hacen comprender mejor la gravedad de nuestros pecados. En otras ocasiones nos sirven de acicate para buscarle con mayor celo. Sus silencios nos capacitan para llegar a conocerlo como no lo habíamos conocido antes y a prestar atención a las órdenes que nos envíe por diversas fuentes.

Ciertamente, Dios a menudo contesta con su silencio. Es una de las formas en que nos anuncia su misericordia y su bondad, su amor y su comprensión.

ORACIÓN: Oh Señor, ayúdanos a permanecer en quietud delante de ti atentos a tu voz. Cuando guardes silencio, ilumina nuestra inteligencia para comprender lo que quieres enseñarnos por medio de ese silencio. Te lo imploramos en el precioso nombre de Jesús. Amén.

Pensamiento para el día

Confía calladamente en Jehová, y espérale con paciencia.

Carlos T. Gattinoni (Argentina)

Oremos: Por confianza en medio del silencio de Dios.

33 *La claridad de Cristo*

Léase el Salmo 27

El Señor es mi luz y mi salvación; ¿de quién temeré?
— Salmo 27:1

EN la Ciudad de México, nos hemos acostumbrado a los días grises con un sol opacado por una densa nube de smog, el humo industrial que hoy día agobia a casi todas las grandes ciudades.

Pero cuando el viento sopla, llevándose ese humo gris, disfrutamos de un cielo azul limpio y despejado, algunas nubes blancas, y un sol brillante.

En uno de esos días singularmente hermosos, complementando a la luminosidad del día un clima perfecto, pensé: "Por un día como éste, vale la pena vivir".

Pero luego recapacité: "La salvación que Cristo te ha dado, es más luminosa, gloriosa y perfecta. Gózate en ella de tal manera que aun cuando tus ojos no viesen la luz, la claridad que Cristo imparte a tu vida no se opaque jamás".

ORACIÓN: Señor, concede que el gozo de tu presencia en nuestras vidas nos ilumine sin interrupción. Gracias por rodearnos con la calidez de tu gracia y amor. Permite que compartamos con otros esta hermosa experiencia, por Cristo Jesús, Señor nuestro. Amén.

Pensamiento para el día

Mantengamos fresco el gozo de nuestra salvación.

Thalía E. López de Pineda (México D. F., México)

Oremos: Por la salud de quienes viven en ciudades contaminadas por el humo industrial.

Oración a favor de la iglesia mundial

Léase Efesios 2:13-22

Pero ahora en Cristo Jesús, vosotros que en otro tiempo estabais lejos, habéis sido hechos cercanos por la sangre de Cristo.

— *Efesios 2:13*

DIOS nos hizo diferentes en muchos aspectos. Algunas de las diferencias son el resultado del medio ambiente. Otras, como la diversidad de clases y educación, son hechura nuestra. Todas estas diferencias engendran resentimiento, aislamiento, odio y conflicto.

El propósito eterno de Dios es *"reunir todas las cosas en Cristo"*, a todos los grupos que por razón de color, raza, clase, nacionalidad o cualquier otro motivo, se consideran postergados o aislados. Al unir a las personas en Cristo, Dios forja una nueva humanidad y hace una sola familia. El cuerpo de esta familia es la iglesia mundial, en que todos somos "miembros de la familia de Dios".

El pastor Martín Niemöller relata que en el campo de concentración recibió gran consuelo, al comunicarle su padre que la Iglesia de Batak, en Sumatra, oraba por él. En todo el mundo, la familia de Cristo tiene esta misma experiencia.

ORACIÓN: Padre nuestro celestial, te alabamos por Cristo Jesús. En su cruz él ha unificado a la humanidad. Te damos gracias por la Iglesia Mundial y la fraternidad que ella establece. Derrama tu Espíritu sobre nosotros para vivir en unidad y amor. En su bendito nombre. Amén.

Pensamiento para el día

¿Está dividido Cristo?

Gonzalo Báez Camargo (México)

Oremos: Por que los lazos de fraternidad se fortalezcan entre los hijos(as) de Dios.

Manteniéndonos tranquilos

Léase el Salmo 34:1-8

El acercarme a Dios es el bien; he puesto en Jehová el Señor mi esperanza.

— Salmo 73:28

LUCÍA era una señorita rubia, muy bonita, y con una constante sonrisa en sus labios. A pesar de ser ciega, mantenía una expresión de gozo y confianza en la vida. Durante una entrevista periodística me dijo que oraba mucho.

"La gente ciega tiene que esperar mucho y, cuando estamos esperando, alguien llega y dice: 'Espera'. Tener que esperar es algo que me irritaba, hasta que empecé a meditar y conversar con Dios mientras esperaba".

Lucía añadió: "En oración he descubierto tanta belleza que a veces me olvido que estoy ciega".

La certidumbre de Dios en su vida es tal que declaró: "Si tuviera una vista perfecta tal vez no tuviera el privilegio de permitir que Dios penetre en mi vida. La falta de vista me da la capacidad para mantener el equilibrio con un sentido más intenso de la vida. Sé que Dios dirige mis pasos y me presenta oportunidades de servicio", concluyó Lucía.

ORACIÓN: Padre de luz, muchas veces hemos usado nuestros ojos equivocadamente. Concede que te veamos a ti con nuestros ojos espirituales, hoy y siempre. En el nombre de Jesús. Amén.

Pensamiento para el día

Con los dones que me ha dado, ¿qué estoy haciendo para mejorar mi comunión con Dios?

Claudia Romano de Sant'Anna (Brasil)

Oremos: Por que aprendamos a mejorar nuestra comunión con Dios.

36

Una sonrisa

Léase Mateo 10:26-36

No temáis a los que matan el cuerpo, mas el alma no pueden matar.

— Mateo 10:28

TRABAJABA en un hospital militar en Japón. Allí atendíamos a pacientes que eran evacuados desde Vietnam.

Una mañana recibí una llamada urgente de la Unidad de Cuidado Intensivo para tomar un electrocardiograma a un paciente. Al entrar al cuarto, quedé frente a frente a un joven de 19 años que había perdido sus piernas y brazos. Permanecí petrificado observando aquel cuerpo tembloroso y mutilado.

Mi actitud cambió de repente, cuando aquel joven abrió los ojos y me dijo: "¿Cómo estás?", dejando escapar una sonrisa de sus labios. Sonreí y le contesté: "Yo estoy bien y tú también lo estarás pronto".

Después de terminar mi trabajo, puse

mi mano sobre su frente y le dije: "Dios te bendiga", y regresé a mi oficina, meditando y preguntándome: "¿Cómo es posible que este joven con su cuerpo mutilado tenga tanto que ofrecer, y nosotros gozando de perfecta salud ofrecemos tan poco?"

Aquella granada al explotar destrozó su cuerpo, pero no llegó a destruir aquella amable sonrisa que penetró mi corazón.

ORACIÓN: Señor, permite que siempre podamos dar auxilio espiritual a otros aun en medio de nuestro dolor. Amén.

Pensamiento para el día

Una sonrisa puede ser como un rayo de sol que anima a un corazón afligido.

Eliezer Pastrana (Río Piedras, Puerto Rico)

Oremos: Por las personas hospitalizadas.

37 *La esperanza del creyente*

Léase Romanos 8:28-39

Por lo cual estoy seguro de que ni la muerte, ni la vida... ni ninguna otra cosa creada nos podrá separar del amor de Dios, que es en Cristo Jesús Señor nuestro.
— Romanos 8:38-39

VARIOS de nosotros vimos a un jovencito de 19 años transformarse en un esqueleto a causa de un cáncer intestinal. Lo habíamos conocido como un joven alto y apuesto —activo en los deportes, estudioso y un ferviente cristiano. Nos preguntábamos por qué le sucedía esto a él.

Aun en su lecho de muerte, nunca dejó de sonreír o de creer en Dios. Todos, a pesar de la opinión médica, esperábamos que él sanara. Sin embargo, Dios omnipotente lo llevó a su gloria a un mundo sin lágrimas, enfermedad o dolor.

El día del funeral sucedió algo inesperado. Estaba presente el padre, no con la resignación del estoico, sino con la esperanza del creyente. Para nuestra sorpresa, el padre irrumpió en un solo de canto al fin del culto fúnebre. No se notaba en su voz incertidumbre, pena, lamento o angustia; sólo la seguridad eterna del que sabe que los que duermen en el Señor viven para siempre.

ORACIÓN: Eterno Dios, concédenos serenidad al afrontar las crisis de la vida, y particularmente cuando hay muerte. Recuérdanos el sacrificio de Cristo, y su triunfo final. Amén.

Pensamiento para el día

Nuestra fe en Cristo resucitado es nuestra seguridad eterna.

C. Adolfo Angles (Argentina)

Oremos: Por personas que padecen de cáncer.

38 *El sufrimiento de Job nos trae una nueva visión*

Léase Job 42:1-6; Hebreos 5:5-10

De oídas te había oído; mas ahora mis ojos te ven.
— Job 42:5

LOS escritores del Antiguo Testamento pensaban que el sufrimiento era la consecuencia del pecado. Pero Job nos da una nueva comprensión de lo que es el sufrimiento.

He aquí un hombre que no merecía el sufrimiento como castigo de su pecado, ya que había sido obediente a la voluntad de Dios, pero aun así sufre física y moralmente. Sus amigos lo condenan porque piensan que su sufrimiento es consecuencia de su pecado pero Job rechaza tales conceptos. En medio de la desesperación acude a Dios para que le dé una oportunidad de comprobar su inocencia. Cuando Dios se presenta ante él, Job se encuentra maravillado ante la presencia del Todopoderoso. Se da cuenta de que en medio de su sufrimiento, y no a pesar del sufrimiento, llega a conocer a Dios en tal forma como nunca lo había conocido antes. En esta forma Job prepara el camino para el mensaje del Nuevo Testamento, que el sufrimiento de Cristo es el camino supremo de Dios para su revelación.

ORACIÓN: Señor, concede que nuestro sufrimiento sea un medio de gracia y que por medio de él lleguemos a conocerte más perfectamente así como en la cruz tenemos una comprobación de tu amor y misericordia. Amén.

Pensamiento para el día

Mediante Cristo nuestros sufrimientos pueden ser transformados en fortaleza.

Jorge A. González (Georgia)

Oremos: Por fortaleza en alguna situación de sufrimiento.

39 *Dios no olvida a sus hijos*

Léase Mateo 6:25-34

Jesús dijo: Vuestro Padre celestial sabe que tenéis necesidad de todas estas cosas.
— Mateo 6:32

A fines de 1937, en plena guerra civil, después de un reducido desayuno, mi esposa me dijo: "No tenemos nada para dar de comer a nuestro hijo". El tenía dos años. Es inútil mencionar nuestra angustia y preocupación.

Me fui a la central de correos a recoger la correspondencia, donde me entregaron un talón para recoger en una agencia un paquete que procedía de Orán, en donde vivía mi hermana. Me apresuré a ir a recogerlo. Era muy grande y pesado y, cosa curiosa, ¡los inspectores de la aduana no lo habían abierto!

Volví a casa con el pesado bulto a cuestas y, al abrirlo, nos encontramos con varios paquetes de leche en polvo, extracto de carne en botes y unos quesos.

¡Qué alegría! Mi hijo y nosotros tendríamos comida para varios días. Mi hermana, pensando en la escasez que padecíamos de víveres en esa época, nos los envió. No pudimos menos que dar nuestras gracias más fervientes al Señor.

¿Milagro? Tal vez. Para los que confiamos en la providencia de Dios, no; pues sabemos que Dios cuida de sus hijos.

ORACIÓN: Te damos gracias, Señor, por el cuidado que tomas de tus hijos. Podemos afirmar, como el salmista: *"Sólo tú me haces vivir confiado"*. Amén.

Pensamiento para el día

El brazo de Dios no se ha acortado e interviene por nosotros en el momento oportuno.

Lincoln Albricias (Barcelona, España)

Oremos: Por los que sufren escasez en el mundo.

40

Como niño que crece

Léase 2ª a los Corintios 5:16-21

Si alguno está en Cristo, nueva criatura es; las cosas viejas pasaron; he aquí todas son hechas nuevas.

— 2ª a los Corintios 5:17

MI hijita tiene nueve meses de edad. Es asombroso ver cómo una vida nueva progresa y se desarrolla. Lo vemos casi de un día para otro; basta con observar, por ejemplo, cómo ella inventa nuevos sonidos y los que balbucea a su modo peculiar. Es una vida que crece normalmente.

También es asombroso cómo se desenvuelve una nueva vida en Cristo. Al principio, tal vez tengamos miedo de comenzar la vida cristiana: le tememos al qué dirán, al ridículo, a la crítica. Nos hace falta poder espiritual para vencer estos temores. Este poder se adquiere por medio de la oración y del estudio de las Escrituras. Y conforme va creciendo, el cristiano asume nuevos deberes. Ya no sólo escucha y aprende, sino que actúa enseñando a otros cada día, no importa dónde esté o cuál sea su trabajo.

El cristiano no puede permanecer callado, porque el gozo bulle en él y exige expresión. El cristiano quiere compartir con otros la felicidad que él tiene, la felicidad que sólo el Señor da.

ORACIÓN: Padre amante, te damos gracias porque nos concedes crecer en la vida cristiana. Permite que cada día hagamos sólo aquello que esté de acuerdo con tu voluntad. Por Cristo Jesús. Amén.

Pensamiento para el día

Mi manera de ser y de actuar les mostrará a otros la influencia que Cristo ejerce en mí.

Leticia B. Hidalgo (Bolivia)

Oremos: Por algún nuevo creyente.

Atribulados... mas no angustiados

Léase 2ª a los Corintios 4:7-18

Echando toda vuestra ansiedad sobre él, porque él tiene cuidado de vosotros.

— 1ª de Pedro 5:7

SOY profesor universitario. Una mañana, al ir a la universidad, una joven de mi iglesia me preguntó cómo comenzaba mis clases. Le contesté que anunciaba las asignaciones y amonestaba a los alumnos que mostraban poco interés. Ella dijo que los alumnos, además de sus estudios, tenían problemas personales, y que les ayudaría comenzar el día de otra manera.

De momento no me convencí, pero antes de salir al salón de clases leí la meditación de *El Aposento Alto* para el día y sentí la urgencia de cambiar y poner yo mismo mis ansiedades ante Dios.

Al comenzar la clase pedí disculpas a los estudiantes y les leí la meditación.

Durante el receso de la clase, se me acercó una señora a agradecer lo que había hecho. Esta dama, estaba tan agobiada, que ese mismo día pensaba dejar sus estudios. Después de escuchar la meditación, entregó sus ansiedades a Dios y recibió su consuelo y paz.

Dios nos invita a entregarle nuestras preocupaciones y ansiedades; ¿por qué no aceptamos su invitación?

ORACIÓN: Señor, danos fortaleza para entregarte todas nuestras preocupaciones. Por Jesús te lo pedimos. Amén.

Pensamiento para el día

"Venid a mí todos los que estáis trabajados y cargados, y yo os haré descansar" (Mateo 11:28, VRV).

Juan G. Feliciano Valera (Camuy, Puerto Rico)

Oremos: Por las personas que están preocupadas y ansiosas.

¿Desertores o seguidores fieles?

Léase Mateo 19:16-22

Demas me ha desamparado, amando este mundo, y se ha ido a Tesalónica.

— 2ª a Timoteo 4:10

UNA noche iba regresando de mi iglesia rural; mi jeep corría velozmente en medio de la obscuridad. Delante de mí, a la luz de mis faros, vi una avecilla parada junto al camino. Casi al llegar a ese lugar, voló y se adelantó como cincuenta metros y de nuevo se posó junto al camino. Cada vez que me acercaba volvía a volar. Repitió esto como diez veces. Finalmente desapareció.

El carimbomba siempre juega así. Pero cuando se aleja de donde vive, abandona su juego, y se regresa.

El carimbomba se parece a las personas que con mucho entusiasmo comienzan a ir a la iglesia y se gozan en la comunión fraternal y en los cultos. Pero cuando el Señor los desafía a cambiar de vida, ellos desaparecen.

Si el evangelio de Cristo nos desafía a aventurarnos a salir de donde estamos y a dejar nuestras queridas costumbres, ¡Dios nos dará valor y decisión para seguir fielmente a nuestro Señor!

ORACIÓN: Padre amado, confieso que me aferro a las cosas que me parecen preciosas, pero que te desagradan a ti; y por eso a veces no te he seguido fielmente. Ayúdame a seguirte por donde tú me guíes. En Cristo. Amén.

Pensamiento para el día

Si Cristo cierra mi camino voluntarioso y me hace cambiar, hallaré redención y alivio en mi Señor.

Sérgio Marcus Pinto Lopes (Brasil)

Oremos: Por alguna costumbre que debamos dejar para seguir el evangelio.

¿Siempre, Señor?; Sí, siempre.

Léase Filipenses 4:1-7

Regocijaos en el Señor siempre. Otra vez digo: ¡Regocijaos!

— Filipenses 4:4

PREGUNTO: ¿Siempre, Señor? ¿Aun en medio del dolor de la separación de un ser amado? Me parece oír su voz respondiendo: "Sí, siempre".

Cuando el 24 de diciembre de 1985, el Señor recogió el alma de mi querida hermana, compañera mía durante larga vida, me sentí sumamente angustiada.

Durante mucho tiempo el dolor de su ausencia me doblegó. Y cuando en ocasiones yo leía el texto bíblico de hoy, me preguntaba cómo sería posible para una regocijarse en el Señor siempre; aun en medio del dolor de la separación.

Poco a poco, su significado fue siendo más claro para mí. Ahora sé que sí puedo regocijarme en el Señor siempre.

Mi hermana querida descansa ya en los brazos de su Salvador, al cual ella amó y sirvió con todo su corazón durante su vida, en la iglesia y fuera de ella. Ahora alaba a Dios con un cántico nuevo que yo aprenderé cuando sea llamada a la presencia de mi Señor. ¿Cómo no regocijarnos? ¿Cómo no darle gracias al Señor?

Alabado sea su santo nombre por su inefable amor; amor que nos ha expresado de tantas formas en la vida.

ORACIÓN: Gracias, Señor, por el dolor que nos hace acercarnos más a ti. Gracias por nuestros seres amados y por el privilegio de haberlos tenido durante algún tiempo con nosotros. Amén.

Pensamiento para el día

"Bienaventurados los que mueren en el Señor".

Hilda Granados M. (Tabasco, México)

Oremos: Por los que lloran la muerte de un ser amado.

Cristo, el "sí" de Dios

Léase Hebreos 9:15-28

Cristo es el "sí" de Dios, pues en él se cumplen todas las promesas de Dios.
— 2ª a los Corintios 1:19b-20 (VPEE)

TENGO en mi casa una bella piscina, pero no ha sido sino hasta ahora que tengo que rehabilitar una de mis piernas, que me fracturé, que la estoy disfrutando.

Antes me conformaba con verla y pasaba largos ratos contemplando los reflejos del agua en el techo de mi dormitorio.

Esto me ha llevado a reflexionar en mi actitud hacia las promesas de Dios. Las conozco, sé que han sido promesas fieles, pero ¡cuán pocas veces las había experimentado anteriormente con la certidumbre que lo he hecho a partir de mi accidente!

Muchas veces me había faltado la decisión para valerme de ellas; me había conformado con estudiarlas; pero no había confiado en ellas. Fue necesario que me sintiera con dolor e incapacitada, para depositar toda mi esperanza en Dios.

Ahora vivo gozosa comprobando que Dios es fiel a sus promesas.

ORACIÓN: Señor, ayúdanos a ver que tus promesas son verdaderas en cualquier circunstancia. Amén.

Pensamiento para el día

Aprovechemos las promesas que Dios nos ha dado.

Graciela Murillo (Cuernavaca, México)

Oremos: Por los que no confían plenamente en Dios.

45

Nuestras manos

Léase Mateo 7:24-29

La mujer sabia edifica su casa; mas la necia con sus manos la derriba.

— Proverbios 14:1

AL meditar en este versículo me sentí motivada a examinar mis manos. Mi reacción fue de tristeza al ver cuántas arrugas y manchas tenían y recordé otros tiempos en que lucía unas uñas largas y bien cuidadas.

En ese momento fluyeron en mi mente pensamientos ajenos y extraños. Fue como si el Señor me preguntara: "¿Por qué te entristecen las arrugas? ¿No son naturales esas manchas en tus manos? ¿Cuántas veces me has dado gracias por tus manos? Son manos fuertes, saludables, ágiles... ¡Míralas otra vez!"

Al contemplarlas nuevamente ya no me acongojé por las arrugas ni por las manchas. Nuevamente percibí la voz del

Señor, esta vez preguntándome: "¿Qué has hecho con tus manos en bien de los demás? ¿Cuántas cosas has dejado de hacer con ellas? El pecado no es sólo hacer lo malo; también es dejar de hacer lo bueno".

¡Cuántas lágrimas rodaron por mis mejillas! Le pedí perdón a Dios por todas las oportunidades en que pude haber hecho algún bien y no lo hice.

ORACIÓN: Gracias Señor, no sólo por mis manos, sino por todo mi ser. Ayúdame a ser como esa mujer sabia de quien habla Proverbios para que siempre pueda edificar con mis manos y no derribar. Por Cristo Jesús. Amén.

Pensamiento para el día

¿Cómo uso mis manos?

Tomasita Ramos (Bayamón, Puerto Rico)

Oremos: Por quienes desean ayudar a su prójimo.

Dios se complace con nosotros

Léase Mateo 3:13-17

Mis ojos pondré en los fieles de la tierra para que estén conmigo; el que ande en el camino de la perfección, éste me servirá.

— Salmo 101:6

HACE algunos meses, mientras veía al equipo de béisbol en el que jugaba mi hijo, noté cuán similares parecían todos los jugadores vistiendo el mismo uniforme. Al mirar detenidamente identifiqué a mi hijo.

Feliz y orgullosa, me recreaba contemplándolo. ¡Con cuánta seguridad bateaba! ¡Qué carreras tan dinámicas emprendía para llegar a la base! En mi alegría, me atreví a decirle a la persona a mi lado que ese era mi hijo. Cuando él hacia lo debido, yo lo vitoreaba por lo que había hecho. Otras veces lo animaba para que lo hiciera mejor y siguiera adelante.

Mientras hacía esto pensé en cómo el

Señor se complace con quienes se esfuerzan por hacer lo mejor. Dios se regocija cuando estamos en el campo de la vida haciendo su voluntad. Sin duda que se siente orgulloso de los esfuerzos que hacemos para servirle mejor. Habrá momentos en que nos sintamos cansados en el camino, pero su voz amorosa nos anima a esforzarnos y ser valientes.

ORACIÓN: Dios poderoso, permítenos recordar que tu deseo es animarnos en medio de nuestros esfuerzos por servirte mejor. Por Jesús. Amén.

Pensamiento para el día

Dios desea animarnos en nuestros esfuerzos por servirle.

Alicia Campos (Texas, EUA)

Oremos: Por quienes se esfuerzan en agradar al Señor.

47 *Con nosotros está*

Léase Deuteronomio 30:11-14

Jesús dijo: *Yo estoy con vosotros todos los días, hasta el fin del mundo.*

— Mateo 28:20

AL acomodarme en el taxi, me fijé que en la parte superior del parabrisas había una calcomanía que decía: "Jesús es mi Copiloto". En una parada le pregunté al chofer: "¿Es verdad lo que dice ese letrerito?", y le señalé la calcomanía.

Volvió el rostro sonriendo y dijo: "Yo soy cristiano y sé que eso es cierto para mí". "¿Cómo así?", le pregunté.

Mirándome por el espejo retrovisor, sacó una pequeña Biblia. "Al salir cada mañana, leo unos versículos de este librito y converso con Jesús, como si él estuviera a mi lado. Le digo: 'Señor, tú sabes que este taxi es mi fuente de pan para mi familia. En él corro riesgos y zozobras. También puedo servir a los demás y dar testimonio de la amistad que gozo contigo. Señor, dame la certeza de tu compañía en esta jornada'. Hasta ahora él ha sido fiel, aunque he visto muy cerca la muerte".

Hasta aquí llegó nuestra conversación. Al bajar le di las gracias. Agregué: "Sus palabras me servirán de aliento para el día de hoy. Veo que tiene un buen Copiloto".

ORACIÓN: Señor, haz que mi camino se confunda con el tuyo y sigamos los dos un mismo caminar. Amén.

Pensamiento para el día

Cristo es el mejor copiloto que podamos tener diariamente.

Samuel Araya (Chile)

Oremos: Por quienes tienen trabajos peligrosos.

La mamá preferida

Léase 1ª de Juan 4:7-11

El que no ama, no ha conocido a Dios; porque Dios es amor.

— 1ª de Juan 4:8

MI hija menor acostumbra traerme postales hechas por ella misma en la escuela, en los días cercanos a cualquier festividad. Un día me regaló una muy pequeña en la que escribió lo siguiente: "Te amo mucho porque eres mi mamá preferida".

Como estaba muy ocupada preparando la cena, le di las gracias y la coloqué en la pared de la cocina, para luego verla con más calma. Pero ésta quedó en un lugar tan visible que a cada instante mis ojos tropezaban con la postal e, instintivamente, leía su mensaje. No recuerdo cuántas veces la leí, pero sí cuando me detuve a leer las palabras graciosamente escritas en el pedazo de papel: "Te quiero mucho, mami", al dorso de la improvisada postal.

En aquel momento me invadió una ternura y una paz tan especial que mi cansancio desapareció.

¡Cuán amorosos y expresivos son los niños! Y qué difícil se nos hace a los adultos expresar el amor que sentimos.

Imitemos el amor de los niños. Permitamos que el amor de Dios inunde nuestro ser y fluya a través de todas las personas que nos rodean. Expresemos amor, ya sea con un abrazo, con una sonrisa o simplemente con decirles: Te amo.

ORACIÓN: Gracias, Señor, porque tu amor siempre está presente en nuestras vidas, refrescando todo nuestro ser. Amén.

Pensamiento para el día

Toda la creación nos expresa el amor de Dios.

Myriam Rodríguez (Isabela, Puerto Rico)

Oremos: Por el amor entre padres e hijos.

49 *Somos uno en Cristo*

Léase Efesios 4:1-6

Formamos un solo cuerpo en Cristo.
— Romanos 12:5 (VPEE)

UN atardecer, al dirigirme a mi casa, no sé por qué, observé detenidamente detalles en las cosas que veo todos los días.

Vi a los niños jugando entusiasmados en un pequeño parque; al policía de tránsito con una mirada cansada que reflejaba lo duro que había sido el día; a un niño vendiendo apresurado el diario vespertino; a una señora mayor suspirar de satisfacción por la venta lograda en el puesto de flores; cómo se encendían uno a uno los letreros comerciales conforme caía la tarde y llegaba la noche.

Al hacerlo pude confirmar más claramente que cada detalle tiene su significado y valor por pequeño e insignificante que lo consideremos.

Recordé que nuestro Padre celestial nos ha creado individualmente y que, aunque cada quien realiza una función diferente, formamos parte de un solo concepto: todos somos sus hijos; somos uno en él.

ORACIÓN: Gracias, Señor, por la vida y por las pequeñas cosas que cada día nos presentas, porque a través de ellas aprendemos el significado de vivir. Amén.

Pensamiento para el día

¿Has contemplado a tu alrededor? ¡Hazlo! Verás que todo es importante al igual que tú.

Edilenia M. Tactuk (Santo Domingo, República Dominicana)

Oremos: Por las personas humildes que día a día trabajan en las calles.

COMPROMISO

50

Compartiendo

Léase Mateo 18:1-5

De cierto os digo, que si no os volvéis y os hacéis como niños, no entraréis en el reino de los cielos.
— Mateo 18:3

UN día alguien llamaba a la puerta. Cuando la abrí estaba un niño de cuatro años pidiendo un pedazo de pan. Después de preparárselo con mantequilla y miel, se lo di. Me dio las gracias y se fue con este pedazo de pan.

Desde donde estaba yo detrás de la cortina, lo vi mientras se iba. No se comió el pan inmediatamente. Estaba confusa. Otros dos muchachos de la misma edad salieron de donde estaban escondidos cuando vieron lo que tenía el niño en la mano. Compartió el pedazo de pan con ellos, y sólo cuando ellos habían tomado su porción, fue que él se comió la suya.

No había pedido pan solamente por comer de más. Lo hizo porque tenía hambre, como muchos otros niños de mi país. Pero cuando recibió el pan, lo compartió con sus amigos.

Solamente cuando estamos conscientes de las necesidades de nuestros hermanos y hermanas es que recibimos el impulso de compartir.

ORACIÓN: Oh Señor, danos nuestro pan cotidiano y el amor que nos ayudará a compartirlo con nuestros hermanos y hermanas en la misma forma en que lo hemos recibido. En nombre de Aquel que es el verdadero pan de vida. Amén.

Pensamiento para el día

¿Cómo usaremos nuestra oportunidad de compartir hoy?

Flor Rodríguez (Chile)

Oremos: Por nuestra sanidad física, emocional y espiritual.

51

La piedra

Léase Juan 8:1-11

Jesús dijo: Aquel de ustedes que no tenga pecado, que le tire la primera piedra.
— Juan 8:7 (VPEE)

MIENTRAS visitaba a un amigo, vi una especie de pisapapeles en su mesa. Era una piedra de tamaño mediano. Le pregunté sobre ella.

"Esa piedra", me respondió, "me sirve para recordar las palabras de Jesús a aquellos que buscaban apedrear a la mujer sorprendida en adulterio. Cuando me siento inclinado a prestar oído a críticas destructivas o a condenar a alguien por sus faltas, esa piedra me recuerda las palabras de Jesús y me hace reflexionar en mis propias faltas y pecados. Esto me impide arrojar la primera piedra".

Pensé: ¡Cuántas piedras he lanzado yo! Me vinieron a la mente una larga lista de pecados. Al llegar a mi casa busqué en mi Biblia el pasaje al que se refirió mi amigo y medité en él.

Cristo no se hace el desentendido ante el pecado. Tampoco tolera a quienes lanzan acusaciones con espíritu de presunción y hasta de hipocresía. Ellos mismos en algún momento han incurrido en maldad.

Nuestro Señor desea que, recordando nuestras propias faltas, tratemos a las personas con misericordia, no con juicio.

ORACIÓN: Señor, ayúdame a recordar mis propios pecados antes de lanzar la primera piedra. Amén.

Pensamiento para el día

Todos necesitamos la misericordia del Señor.

Osvaldo Arteaga Chávez (Pinar del Río, Cuba)

Oremos: Por quienes necesitan liberarse del rencor.

52

Presos por Cristo

Léase 2ª a los Corintios 12:1-10

Pablo escribió: *De tal manera que mis prisiones se han hecho patentes en Cristo.*

— Filipenses 1:13

EN nuestros días, y particularmente en América Latina, hay miles de personas que están presas por seguir a Cristo y servir al pueblo de Dios en su nombre.

Tuve la experiencia de estar en prisión injustamente durante 37 días. Recordé lo dicho por un amigo al pasar por una experiencia semejante: "Todos deberían de tener alguna vez la experiencia de ser detenidos".

Pablo sabía lo que era estar "en prisiones muchas veces" y se llamó a sí mismo "un prisionero en Cristo".

Durante las noches de cautiverio, leíamos con los compañeros la historia de las prisiones de Pablo, su poderosa defensa y testimonio maravilloso ante las autoridades y soldados.

Al leer esta historia en la Biblia, su mensaje llegaba con fuerza a nuestro corazón, nos daba aliento y esperanza y nos ayudaba a redimir una experiencia que de otro modo habría sido deprimente. Un compañero en el ministerio que había leído mi testimonio, me preguntó: "¿Por qué será que la palabra profética y penetrante parece venir siempre desde la cautividad?"

ORACIÓN: Señor, te damos gracias por aquellas experiencias que nos confinan temporalmente al lecho de la enfermedad, privación de libertad o falta de acción inesperada. Es en *"nuestra debilidad que tu poder se manifiesta"*. En el nombre de Jesús crucificado. Amén.

Pensamiento para el día

¿Por qué será que el mensaje de libertad proviene de la cautividad?

Mortimer Arias (Bolivia)

Oremos: Por la iglesia en América Latina.

53

Frente al viento

Léase Lucas 6:46-49

Cualquiera, pues, que me oye estas palabras, y las hace, le compararé a un hombre prudente, que edificó su casa sobre la roca.

— Mateo 7:24

EN un viaje a Portugal, mi esposa y yo tuvimos la oportunidad de admirar una plantación de pinos en el centro del país. Los pinos estaban muy altos y erguidos.

De regreso a Brasil, nos detuvimos en Lisboa en la costa del Atlántico para admirar otra plantación de pinos. Pero en este caso los árboles eran diferentes de los primeros que habíamos visto. Todos estaban inclinados en la misma dirección.

La razón para este contraste es que en la costa hay vientos muy fuertes y los pinos profundizan las raíces para poder dar frente a la tempestad. Su forma se determina por los vientos que prevalecen. ¿Qué acontecería si los pinos que vimos en el interior del país tuvieran que enfrentarse con una de estas tempestades? Creo que ninguno de ellos podría resistir el azote porque las raíces no están tan profundas.

El cristiano cuya fe está arraigada firmemente en Cristo recibe fortaleza para enfrentar y vencer las asechanzas del mal y pasar por las dificultades de la vida.

ORACIÓN: Nuestro Padre, te damos gracias por la fortaleza que es nuestra mediante la fe en tu Hijo, Jesucristo. Profundiza nuestra fe en Cristo para que podamos ser victoriosos en las tribulaciones. En su nombre te lo rogamos. Amén.

Pensamiento para el día

Poseo la fortaleza para enfrentar cualquier situación mediante Cristo que me da poder.

J. Rodrigues da Silva (Brasil)

Oremos: Por quienes se sienten amenazados por la tentación.

54 *Vidas fructíferas*

Léase el Salmo 71:17-21

Aun en la vejez fructificarán.

— Salmo 92:14

ATARDECÍA. Volviendo de la caminata, nos detuvimos frente al parque de una antigua casa, cuyo aspecto, a pesar de los años de haber sido construida, mantenía una bella prestancia de dama antigua.

Entre los follajes verdes de la arboleda, vimos un árbol de casuarinas totalmente seco; pese a eso, permanecía de pie. Lo curioso fue observar una bandada de pájaros posada en sus ramas. Éstos, detenidos allí, piaban preparándose para pasar la noche que se avecinaba. Se los veía alegres y bulliciosos.

La imagen de ese árbol muerto que, sin embargo, se mantenía de pie y servía de dormitorio a aquellos pajaritos, me hizo pensar en la vida de tantas personas que, aparentemente "secas", envejecidas, sin posibilidad de reverdecer, son útiles y da gusto estar con ellas. En su inmovilidad, a veces afectadas por enfermedades crónicas o terminales, sin embargo, son refugios para otras personas.

Cuando se ha vivido una vida de plenitud, de entrega solidaria, de fe en Dios, aun en los tiempos finales hay posibilidad de dar y no solamente de recibir.

ORACIÓN: Amado Dios de la vida, todo lo has hecho hermoso y bueno. Gracias por las sabias lecciones que nos das a través de las personas y la naturaleza. Amén.

Pensamiento para el día

Hoy voy a pensar que dar es más bienaventurado que recibir.

Silvia E. Salomón (Córdoba, Argentina)

Oremos: Por quienes, a pesar de sus enfermedades, son útiles a sus semejantes.

55 *¿Cómo conocer la voluntad de Dios?*

Léase Romanos 12:1-2

Bienaventurado el que tú escogieres y atrajeres a ti, para que habite en tus atrios; seremos saciados del bien de tu casa, de tu santo templo.

— Salmo 65:4

¿CUÁNTAS veces en los momentos críticos de la vida, nos hemos preguntado: "¿Qué quiere Dios que haga?"? Esta fue mi experiencia al morir mi esposo. Sintiéndome triste, abrí mi Biblia y Dios me contestó.

Durante mi vida matrimonial no pude asistir a mi iglesia, por vivir fuera de la ciudad, pero a pesar de eso no abandoné mi fe. Después de la muerte de mi esposo, regresé a mi iglesia reconociendo que ésto era la voluntad de Dios.

Una hermosa mañana mientras oraba en el Aposento Alto de mi iglesia, Dios me llamó a su servicio para que ayudara como visitadora de la iglesia, lo cual cumplí con gozo por dos años. Después, la Federación de Mujeres me invitó para servir de misionera en dos iglesias y continué sirviendo otras misiones más de 1942 a 1970.

En estas experiencias recibí gratas bendiciones que me ayudaron a reconocer la voluntad de Dios.

ORACIÓN: Gracias, Señor, porque nos has llamado a servirte. Ayúdanos a entender cuál es tu voluntad para nuestras vidas. Por Jesucristo tu Hijo. Amén.

Pensamiento para el día

Entreguémonos a la voluntad de Dios con completa sinceridad.

Clemencia A. Vda. de Guadarrama (México, D.F., México)

Oremos: Por quienes desean conocer la voluntad de Dios para sus vidas.

56 *Para que tengan vida*

Léase Juan 10:1-13

El ladrón viene solamente para robar, matar y destruir; pero yo he venido para que tengan vida, y para que la tengan en abundancia

— *Juan 10:10 (VPEE)*

CUANDO apagamos el televisor después del programa "Nunca Más", emitido por la Comisión Nacional sobre Desaparición de Personas, muchos en la Argentina pensamos en las heridas que quedan todavía abiertas en esta tierra. Pero, también pensamos en la necesidad profunda de que el evangelio llegue a calar hondamente en la conciencia de nuestro pueblo.

Tanto la violencia guerrillera como el terrorismo de Estado nos han demostrado trágicamente que, aunque nuestra civilización se considere cristiana, le falta mucho del auténtico espíritu de Cristo. La desaparición y muerte de tantas personas, especialmente jóvenes, sin un juicio legal que demostrara su culpabilidad y sin explicaciones a sus familias, nos recuerda las palabras de Jesús: el ladrón roba, mata y destruye.

Esto agiganta la figura de Jesús, el Buen Pastor, que perdona y reconcilia, que da nueva vida y hace florecer el amor, que elimina barreras y crea un nuevo pueblo, que derriba la injusticia y la violencia y levanta la justicia y la paz.

Cuando Jesús llega al corazón humano hay vida en abundancia.

ORACIÓN: Concédenos, Señor, el espíritu de Cristo, para que vivamos en tu paz y en tu justicia unos con otros, y así tengamos vida en abundancia. Amén.

Pensamiento para el día

Seamos instrumentos del amor y la paz de Dios.

Guido Bello (El Palomar, Argentina)

Oremos: Por los desaparecidos y sus familias.

Orando por otros

Léase Santiago 5:13-18

Confesaos vuestras ofensas unos a otros, y orad unos por otros.

— *Santiago 5:16*

EN los últimos dos años, durante el período de vacaciones, he trabajado en varias oficinas de abogados. Una mañana sucedió algo que cambió mis labores como secretaria, en un ministerio de intercesión.

Sonó el teléfono y oí la voz decir: "¡Comuníquele, por favor, al licenciado que al fin han arrestado a la señora del último caso!" Al escuchar esta voz con un claro sentir de satisfacción, me estremecí y tuve una visión clara de los asuntos que yo atendía. Reconocí que pasaban por mis manos miles de problemas que sólo veía en forma impersonal —papeles, números, nombres, etc.

Decidí en ese momento interceder por la vida y la salvación de aquella señora, e hice lo mismo con los demás casos que llegaban a mis manos. Oraba para que Dios reconciliara a las personas que llegaban a la oficina solicitando divorcio. Tal vez esta tarea significaba alguna distracción en mi trabajo, pero decidí adoptarla como un nuevo ministerio que Dios me ofrecía.

ORACIÓN: Señor, todos podemos en alguna forma servir a los demás. Enséñanos qué es lo que tú quieres que hagamos por ellos y ayúdanos a servirles con gozo. Amén.

Pensamiento para el día

¿Cuántas oportunidades de servir paso por alto diariamente?

Oralis Amézquita Colón (Toa Baja, Puerto Rico)

Oremos: Por los empleados de las oficinas de jueces y abogados.

58 *Nuestra regla de fe, la Biblia*

Léase el Salmo 119:1-8

Bienaventurados los perfectos de camino, los que andan en la ley de Jehová.

— Salmo 119:1

LA suprema autoridad en asuntos de fe no reside en persona alguna ni en ninguna institución. La iglesia, con todo el respeto que se merece y el prestigio que ha conquistado, no tiene para el cristiano la palabra final. La suprema autoridad está en la Biblia.

La iglesia debe utilizarla constantemente para orientar su vida y sus actividades. Las doctrinas de la iglesia deberán basarse en la Palabra de Dios. Toda doctrina y enseñanza que no está en armonía con lo que Dios ha revelado en su Palabra no es doctrina ni enseñanza santa.

La época en que vivimos demanda un conocimiento amplio y profundo de las Escrituras. También nos exige que apliquemos sus preceptos con más fidelidad en la vida personal, en la de la iglesia, y en la vida de la nación.

No basta conocer la voluntad de Dios; tenemos que someternos a ella. Admitir que la suprema autoridad radica en la Biblia no basta; tenemos que conducirnos de conformidad con esa autoridad.

ORACIÓN: Te damos gracias, oh Señor, porque en las Escrituras nos has revelado tu voluntad. Ayúdanos a ser sumisos a la autoridad de tu Palabra. En el nombre de Cristo, nuestro Señor. Amén.

Pensamiento para el día

La disciplina a que se sujeta el cristiano es la autoridad de la Palabra de Dios.

Francisco E. Estrello (México)

Oremos: Por quien desea conocer la voluntad de Dios.

59

La armadura

Léase Efesios 6:10-18

Por tanto, tomad toda la armadura de Dios, para que podáis resistir en el día malo y, habiendo acabado todo, estar firmes.

— Efesios 6:13

ME sentía angustiada con una serie de tragedias. Primero, quedé sorda totalmente y mi voz quedó afectada. Después, mi hija perdió su bebé cuando tenía dos meses y medio de embarazo. Más tarde nos dimos cuenta de que mi nieto de siete años no está bien mentalmente. Para completar mis preocupaciones, en este último embarazo, mi hija tuvo problemas y mi hijo, un accidente grave.

Antes me resultaba fácil escribir meditaciones para *El Aposento Alto,* pero en estos últimos meses no podía hacerlo. Le pedí en oración al Señor que me diera fortaleza, porque yo no podía con tanta lucha; y que me alentara, porque ya no podía orar por el vacío que sentía en mi corazón.

Hace unos cuantos días estaba leyendo en mi Biblia sobre la armadura de Dios en Efesios 6. Me puse a investigar lo que significaba cada parte de la armadura. Ahora me doy cuenta que como un soldado, debo vestirme de toda la armadura de Dios para estar lista para la guerra y no dejarme amedrentar, porque Cristo va adelante peleando mis batallas.

ORACIÓN: Amado Dios, vístenos de toda tu armadura para ser más que vencedores en Cristo Jesus. Amén.

Pensamiento para el día

Si llevamos la armadura de Dios, saldremos victoriosos contra el mal.

Alejandra González (Wisconsin, EUA)

Oremos: Por personas que se sienten atribuladas.

60

Cuatro cosas locas

Léase Efesios 4:1-6

Y por Cristo el cuerpo entero se ajusta y se liga bien mediante la unión entre sí de todas sus partes; y cuando cada parte funciona bien, todo va creciendo y desarrollándose en amor.

— Efesios 4:16 (VPEE)

LLEGAMOS a casa de noche después de visitar a una amiga. Teníamos hambre y no habíamos comprado nuestro pancito para el té. Una visita a la cocina dio como resultado 3 huevos duros, 1 papa y medio choclo (maíz tierno) cocido, 2 tomates y 2 panes.

Mientras picaba los ingredientes, conversaba con mis dos hijos. Puse todo en una fuente de barro y lo condimenté con un poco de sal y aceite. "No te olvides de la pimienta, mami", dijo mi hija. Nos servimos la ensalada acompañada de grandes vasos de leche fría.

"Deliciosa". "Muy rico". "Que se repita". "¿Cómo se llama esta comida?"

"Cuatro cosas locas". Cuatro cosas locas que una vez combinadas se convirtieron en una comida sabrosa y nutritiva.

Lo mismo nos sucede cuando estamos separados unos de otros. Somos poco y nada. Cuando nos unimos, podemos llegar a ser mucho. ¡Cuánto más si lo hacemos en Cristo y permitimos que su Espíritu nos dé la sazón final!

ORACIÓN: Señor, ayúdanos a recordar que el mundo es de todos y que sólo podemos vivir unidos en tu amor. Amén.

Pensamiento para el día
Vivamos unidos en Cristo.

Eunice Arias (Cochabamba, Bolivia)

Oremos: Por la unidad de los hijos e hijas de Dios.

61 *Líderes ejemplares*

Léase Isaías 61:1-3; Hechos 9:1-16

Ven, por tanto, ahora, y te enviaré al faraón, para que saques de Egipto a mi pueblo, a los hijos de Israel.

— Éxodo 3:10

ADMIRO a tres líderes cuyas enseñanzas y hechos han dejado un legado poderoso en el mundo.

Uno de ellos es Moisés, enviado por Dios para liberar a Israel de la esclavitud en Egipto. Obedeciendo las instrucciones de Dios y obrando con fe y destreza, guió y alentó a Israel en su paso por el desierto.

Otro líder es Jesucristo, enviado por Dios como Mesías, y hoy reconocido como rey, pastor y maestro. Jamás abusó de su autoridad, sino que obró con humildad. Hizo obras maravillosas en bien de los desamparados. Fue hábil embajador de amor, fe, esperanza y perdón. Murió, resucitó y vendrá por nosotros.

El otro líder extraordinario es Pablo.

Después de ser llamado por Jesucristo, comenzó a predicar. Fue maltratado, encarcelado, perseguido y amenazado de muerte más de una vez. Pablo predicó a personas de otras naciones, ganándose así el apodo de "apóstol de los gentiles".

Estos líderes me inspiran con su ejemplo y sus enseñanzas. Pido a Dios que mi vida también inspire a otras personas.

ORACIÓN: Señor, tus líderes nos enseñan a ser fieles, humildes y obedientes a tu voluntad. Ayúdanos a luchar por el amor, la paz y la armonía, tal como ellos lo hicieron. Amén.

Pensamiento para el día

El líder responsable adopta las virtudes y atributos de los líderes ejemplares.

Marcos Rodríguez (Texas, EUA)

Oremos: Por los líderes de las iglesias alrededor del mundo.

62 *Ordenando nuestros pasos*

Léase Hechos 8:26-40

El Señor dirige los pasos del hombre y lo pone en el camino que a él le agrada.
— Salmo 37:23 (VPEE)

DESEABA ser una bendición para una amiga muy apreciada que me ha ayudado mucho en mi caminar con Dios. Yo tenía un juego de tazones de cristal sin usar y pensé llevárselo como regalo en algún momento.

Varios días después de tener esta idea, sentí una urgencia extraña de llevarle el regalo ese mismo día. Fui a su casa en obediencia a esa inquietud. Al entregarle los tazones, ella sonrío, me dio las gracias y conversamos sobre otros temas.

Mientras hablábamos, llegó su esposo, delante del cual me dijo: "Mi esposo se había disculpado conmigo esta mañana. Hoy es nuestro aniversario de bodas, pero debido a nuestra situación económica, no había podido comprarme un regalo".

Me estremecí profundamente al darme cuenta de porqué el Señor quiso que fuera a llevarle este regalo a mi amiga en ese día especial. La experiencia me enseñó la importancia de escuchar la voz suave de Dios que nos permite ser instrumentos de su gracia en este mundo.

ORACIÓN: Señor, guíanos diariamente para que otros puedan recibir tus bendiciones. Que no nos apoyemos sólo en nuestra razón, sino que aprendamos a reconocer tu voz. En el nombre de Jesús. Amén.

Pensamiento para el día

Dios nos guía al servicio de nuestro prójimo.

Julie Ann Bello (San Antonio, Puerto Rico)

Oremos: Por que aprendamos a reconocer la dirección del Espíritu.

Sabiduría para obrar con justicia

Léase el Salmo 71:12-16

Y si alguno de vosotros tiene falta de sabiduría, pídala a Dios, el cual da a todos abundantemente y sin reproche, y le será dada.

— Santiago 1:5

DESDE hace tiempo ocupo el cargo de Procurador Fiscal de la provincia donde resido, cargo que me ha proporcionado la oportunidad de conocer el drama humano en todas sus dimensiones. En mis manos y en mi capacidad de decisión está la suerte de cada uno de los que transgreden la ley.

Cada mañana, en mis momentos de devoción, oro implorando la ayuda de Dios, para que sea Dios quien me ilumine en qué es lo que debo hacer en los disímiles casos que se me presentarán durante el día.

Debo dar testimonio público de que el auxilio divino nunca me ha faltado.

Cuando me he enfrentado con casos

muy intrincados en que he tenido que decidir entre "la justicia y el derecho", en mis adentros me he dicho: "¿Qué haría Jesús en mi lugar?" y la respuesta adecuada no se hace esperar.

Estoy convencida que a mi dependencia en esto se debe el éxito en mis funciones, que se puede medir en el largo tiempo que llevo desempeñando este cargo.

ORACIÓN: Dios de toda sabiduría, en nuestros momentos de más necesidad oramos a ti pidiendo tu dirección y ayuda. Gracias por escucharnos. Amén.

Pensamiento para el día

"Si alguno tiene falta de sabiduría, pídala a Dios".

Esperanza C. Acosta de López (Nagua, Rep. Dominicana)

Oremos: Por quienes trabajan en cárceles y prisiones.

64

El Amor del Padre

Léase 1ª de Juan 3:1-3

El que venciere heredará todas las cosas, y yo seré su Dios, y él será mi hijo.

— *Apocalipsis 21:7*

CUATRO días después de que mi padre había sido internado en el hospital con un diagnóstico de cáncer del hígado en su fase terminal, recibí una llamada. ¡Mi padre quería hablar comigo!

Fue el último día de su vida, sin embargo, fue un día lleno de bendiciones. Oré con él y le leí la Escritura, presintiendo que se acercaba el tiempo para su partida. Le pedí a mi madre que orara entregándoselo al Señor. Una vez que ella oró, vimos el rostro de mi padre transformado. Él dijo: "¡Puedo ver la gloria de Dios!"

Nosotros pudimos ver en su rostro la luz de Cristo y una sonrisa de gozo, la misma que siempre tuvo para servir al Señor. Me tuvo abrazada hasta que dio su último aliento. En esos momentos comprendí cuánto me había amado mi padre.

Mi padre terrenal ya no estaría más comigo, pero mi Padre celestial jamás me dejaría. En ese momento y ese lugar no había dolor, sino paz; la paz de Cristo que nos asegura que la vida eterna es una realidad para aquellos que le amamos y le somos fieles.

ORACIÓN: Gracias, Padre, porque puedo confiar mi vida en tus amorosos brazos, los mismos que se abrieron para salvación y vida eterna. Amén.

Pensamiento para el día

Como sus hijos e hijas, Dios nos muestra su amor en cada circunstancia.

Nohemí Ramírez (Texas, EUA)

Oremos: Por quienes tienen miedo a la muerte.

Respondiendo al llamado del Señor

Léase Lucas 5:27-32

Y dijo a otro: Sígueme.

— Lucas 9:59

"SÍGUEME". Una y otra vez Jesús nos hace esta invitación. Entre las bendiciones que recibimos cuando respondemos a esta invitación, están las siguientes:

1. Vida abundante (Juan 10:10). No abundancia en la vida, sino vida abundante. La felicidad no se encuentra en la posesión de cosas materiales, sino en el valor personal que Cristo pone en nosotros cuando le dedicamos nuestras vidas.

2. Descanso. Nuestro trabajo y nuestras responsabilidades nos causan tensión y fatiga. Pero Cristo nos dice: *"Llevad mi yugo sobre vosotros y aprended de mí que soy manso y humilde de corazón; y hallaréis descanso para vuestras almas"*.

3. Una misión. Cristo nos da una misión que nos dirige en la vida y alivia nuestra confusión y depresión que vienen de no saber cuál es el propósito de nuestra existencia. No importa lo que hagamos para vivir, nuestra gran misión en la vida es *"ir... a todos los pueblos de la tierra y hacer a las gentes discípulos de Jesús"*.

ORACIÓN: Oh Señor nuestro, te damos gracias por tu llamado. Ayúdanos a responder sin demora y a seguirte llenos de fe. Amén.

Pensamiento para el día

No me demoraré en tomar mi decisión; seguiré a Cristo sin preocuparme por lo que me cueste.

Luis Díaz de Arce (Florida, EUA)

Oremos: Por quienes han decidido seguir a Cristo.

¿Está usted marchando?

Léase Lucas 10:25-37

El espíritu del Señor está sobre mí, porque el Señor me ha consagrado; me ha enviado a dar buenas noticias a los pobres, a aliviar a los afligidos, a anunciar libertad a los presos.

— Isaías 61:1 (VPEE)

HACE algún tiempo mi esposa y yo participamos en una marcha memorial por las personas fallecidas con SIDA. Esta marcha era a la vez protesta por la discriminación que sufren los portadores del virus. Despedidos de sus trabajos, expulsados de colegios, privados de atención médica, y rechazados por todos, añaden tristezas a su ya anticipada muerte.

Íbamos todos con una vela encendida. Al frente unos jóvenes ejecutaban una música triste como lamento. Otros muchachos iban disfrazados, montados en zancos, agitando grandes alas, como queriendo escapar de esta tierra que les golpea duramente. Unas jovencitas vestidas de blanco, con rostros pintados como inexpresivas máscaras, iban danzando en señal de que, tras la tragedia, la vida continúa.

"¿Por qué marchan?", preguntó un reportero, como sorprendido de ver a dos ancianos marchando entre tanta juventud. "Somos cristianos", respondí, "y creemos que el cristianismo es, ante todo, acción solidaria con quienes sufren, son despreciados, afligidos y perseguidos. Por eso marchamos".

ORACIÓN: Te rogamos, oh Dios, por los enfermos con SIDA. Que encuentren consuelo y paz en ti. Amén.

Pensamiento para el día

¿Qué puedo hacer hoy por quienes sufren?

Mario Carrasco (Santiago, Chile)

Oremos: Por las personas enfermas con SIDA.

67 *Amando con abnegación*

Léase Proverbios 31:10-31

Mujeres buenas hay muchas, pero tú eres la mejor de todas.

— Proverbios 31:29 (VPEE)

MI madre, una mujer de fe inquebrantable, fue abandonada por mi padre cuando tenía 35 años; con doce hijos, incluyendo a la que escribe, la menor de todos.

Con la ayuda de Dios, se esforzó para sostenernos y, para hacerlo, lavaba y planchaba ropa para los vecinos. Hoy algunos de sus hijos son profesionales, incluyendo a uno que es músico y ministro.

Nunca nos acostamos con hambre, pues cuando no había mucho en la despensa, nos hacía tortas de trigo y café negro. De noche ella oraba al lado de nuestras camas y nos encomendaba al Señor; nos tendía el mosquitero; y luego continuaba con sus quehaceres hasta ya avanzada la noche. Jamás la oí quejarse.

Hoy día, mi madre está bajo mi cuidado. Todavía, con sus 96 años, lee su Biblia, fiel a su Señor. Algún día ella irá a su presencia, pero sé que Dios estará siempre conmigo.

ORACIÓN: Padre nuestro, gracias por el ejemplo y el amor de las madres abnegadas y por tu misericordia hacia los pequeños abandonados. Sabemos que tú estas atento a su clamor y los socorres. En el nombre de Jesús. Amén.

Pensamiento para el día

El amor de Dios es inagotable.

Amparo Sánchez Morales (Santurce, Puerto Rico)

Oremos: Por los que se creen abandonados y dudan de la misericordia de Dios.

Reflejamos la gloria de Dios

Léase el Salmo 51

Si confesamos nuestros pecados, él es fiel y justo para que nos perdone nuestros pecados, y nos limpie de toda maldad.

— 1ª de Juan 1:9 (RV 1909)

EL cristiano debe mantener cuentas pequeñas con Dios. Yo me lavo las manos cuando siento que no están limpias. ¿Por qué no hacer lo mismo con el alma?

Nada actúa tanto en contra de la felicidad y el bienestar personal como el pecado que debe ser confesado y eliminado. Teresa de Jesús, la gran mística española, decía que nuestra alma es como un espejo en el cual se refleja la gloria de Dios. Pero el pecado, no importa cuán insignificante sea, cubre el espejo con niebla.

¡El cristiano que quiere vivir en comunión con Dios debe aprender a apropiarse del poder purificador de la sangre preciosa de Cristo, si quiere impedir que la niebla del pecado empañe el cristal del alma, imposibilitando que la gloria de Dios se refleje. El cristiano que ama a su Señor y desea complacerlo examina no sólo sus palabras y acciones, sino también sus actitudes. Cualquier cosa contraria a la voluntad de Dios debe ser confesada a Aquel que es fiel para limpiarnos de toda maldad.

ORACIÓN: Señor, hazme sensible a todo lo que es contrario a tu Santo Espíritu, y no permitas que albergue ningún pecado sin confesar en mi corazón. Por Jesucristo. Amén.

Pensamiento para el día

No puede haber vida cristiana victoriosa si no estamos dispuestos a examinarnos cuidadosamente en pensamiento y obra.

F. J. Huegel (México)

Oremos: Por que haya en nosotros disposición para confesar nuestros pecados.

69

Dos chaquetas

Léase Lucas 3:10-14

El que tiene dos túnicas, dé al que no tiene.
— Lucas 3:11

PARA las personas que tienen varias chaquetas, el compartir puede ser una experiencia grata. Pero, no sucede así cuando somos dueños solamente de dos chaquetas. Esta verdad fue toda una revelación para mí al pensar en la importancia de compartir.

El dar un riñón saludable a una persona que se está muriendo porque sus riñones ya no funcionan, es un acto heroico. Sólo el amor verdadero podría interpretar el significado de ese texto como: "aquel que tiene dos riñones sanos, comparta con aquel que no tiene ni uno". El donar un riñón es un asunto serio, pues implica un gran riesgo para el que lo da. Sólo un profundo amor es capaz de tal sacrificio.

Así sucedió con Hannah. Ella dio uno de sus riñones a su hermano Roberto. Hannah, hija de misioneros, aprendió de sus padres lo que significa amar como Jesús amó. Su riñón salvó a su hermano de la muerte.

Tal vez no se nos pida que demos uno de nuestros riñones, pero se nos invita a estar conscientes de las necesidades de los demás y a utilizar lo que está a nuestro alcance para suplir esas necesidades.

ORACIÓN: Señor, que podamos ser bendición para aquellos que necesitan ayuda y amor. Amén.

Pensamiento para el día

"Llevad los unos las cargas de los otros".

Sante U. Barbieri (Buenos Aires, Argentina)

Oremos: Por quienes han donado algún órgano de su cuerpo.

70

No tengas miedo

Léase el Salmo 121

Yo soy quien te manda que tengas valor y firmeza. No tengas miedo ni te desanimes porque yo, tu Señor y Dios, estaré contigo dondequiera que vayas.

— *Josué 1:9 (VPEE)*

CON certeza, todos alguna vez hemos sentido miedo e inseguridad frente a situaciones desconocidas.

Al tomar la decisión de aceptar la invitación de venir a Brasil a trabajar, me sentí animada; pero a medida que se aproximaba el viaje, el temor y las dudas me invadieron. Era mi primer viaje a Brasil y lo haría sola. Mi portugués era muy pobre, pero sería mi único medio de comunicación. No conocía a nadie. Mis responsabilidades serían diferentes a las que acostumbraba cumplir. Además, viviría en medio de una cultura muy diferente.

Empero, recordé las promesas del Señor al decir: *"Ten valor, no te desanimes.*

Ten confianza en mí". Estas palabras me fortalecieron y me animaron a enfrentar los nuevos desafíos de crecer que el Señor me estaba ofreciendo.

Realmente, el aceptar estos y otros desafíos con la confianza puesta en los cuidados del Señor ha sido de gran bendición. Estos desafíos, vividos con la ayuda de Dios, me han ayudado a crecer en la fe y la confianza en el amor de Dios.

ORACIÓN: Amado Dios, ¿cómo no confiar en tu infinito amor y cuidado? Tu amor me acompaña a lo largo de mis días. Gracias, en el bendito nombre de Jesús. Amén.

Pensamiento para el día

No temeré mal alguno porque Dios está conmigo.

M. Dolores Cabascango G. (Lapa, Brasil)

Oremos: Por quienes temen tomar decisiones que cambien sus vidas.

CELEBRACIONES

71

Día de Pentecostés

Léase Juan 16:5-15

Cuando venga el Espíritu de Verdad, él os guiará a toda la verdad.

— Juan 16:13

EL calendario cristiano sitúa la fiesta de Pentecostés 50 días después de la Pascua. Esta fecha a menudo coincide con el festival judío de acción de gracias por las cosechas. Esta fiesta era observada como un tiempo de gozoso llamado a una renovación en la obediencia, la gratitud a Dios y la hospitalidad a los desamparados.

El Pentecostés celebra una especie de cosecha. Un tiempo de grandes bendiciones y del cumplimiento de una gran promesa (Hechos 2:33). Jesús habló acerca de recibir el Espíritu Santo en Pentecostés como un bautismo y un don de Dios (Hechos 1:4-5), preparado para todos los que acuden a Dios.

Es nuestro privilegio y responsabilidad buscarlo, esperarlo y aceptarlo con gozo. Más fuerte que los poderes del pecado y de la muerte, el Espíritu Santo —poder inherente de Dios— obra en la vida de los individuos y en la vida de la iglesia.

El Espíritu nos revela los males del pecado, la justicia del bien y el juicio de Dios. El Espíritu Santo nos guía a toda verdad, es fuente de consuelo en la tribulación, nos indica cuál es la voluntad de Dios y nos da el poder de ser testigos fieles.

ORACIÓN: Señor y Dios, llénanos con tu Espíritu, para que seamos consolados y confirmados en tu verdad. Amén.

Pensamiento para el día

El Espiritu Santo nos conduce a la verdad.

Alejandro Ruiz Muñoz (México, D.F., México)

Oremos: Para que seamos llenos del Espíritu Santo.

72 *Una Navidad inolvidable*

Léase Lucas 2:8-21

Como señal, encontrarán ustedes al niño envuelto en pañales y acostado en un establo.
— Lucas 2:12 (VPEE)

EN 1972 vivía en la Ciudad de México. Mi amigo Gregorio y yo fuimos a visitar su circuito de iglesias. Tomamos un autobús viejo lleno de personas, cabras y pollos. Caminamos por un camino sin pavimento. Me sentía cansado y sudoroso. Me dolían los pies. Tenía sed y hambre. Fuimos al hogar donde se celebraría el culto. La casa era pequeña, sin ventanas, y con una cortina como puerta. El piso era de tierra. Había perros flacos y pollos demacrados.

Después de cantar, nos hincamos para orar. Yo me enojé. ¿Arrodillarme con mi mejor ropa en un piso tan sucio? Mientras estaba hincado, algo me tocó. Un perro enfermizo y lleno de pulgas limpió su hocico en mi ropa. Me sentí miserable.

Pensé en mi apartamento cómodo, en mi familia. Quise subirme al primer autobús que regresara a la Ciudad de México. De repente escuché una voz: "¿Dónde piensas que nació mi hijo?" Reconocí que estaba en un lugar sagrado, en la presencia de Dios. Experimenté una paz y un gozo sublimes, oré dando gracias a Dios por Gregorio, por esta familia y una nueva experiencia de la Navidad.

ORACIÓN: Gracias, Señor, por recordarnos que tu presencia se hace real entre los humildes. Amén.

Pensamiento para el día

Cristo se nos hace real entre los humildes.

Roberto Gómez (Texas, EUA)

Oremos: Para que recordemos a los pobres durante las celebraciones de Navidad.

73 *Palabras finales (Viernes Santo)*

Léase Juan 17:1-19

La gracia y la verdad vinieron por medio de Jesucristo.
— *Juan 1:17*

LAS palabras de Cristo en la cruz son expresión del amor y la gracia de Dios en la vida de nuestro Señor. En la primera palabra *"Padre, perdónalos"*, vemos el alcance infinito de ese amor que perdona. La segunda palabra es la esperanza que Dios ofrece al pecador arrepentido: *"Hoy estarás conmigo en el paraíso"*. La tercera palabra expresa el sentir de protección y ternura entre humanos, como parte de nuestra razón de ser: *"Madre, he ahí tu hijo, Hijo, he ahí tu madre"*.

En la cuarta palabra contemplamos la desesperación agónica del hombre que ha perdido la fe. Jesús exclama: *"Dios mío, ¿por qué me has desamparado?"* La quinta palabra, nos enseña que el sufrimiento puede afectarnos física, moral y espiritualmente. Jesús exclamó: *"Sed tengo"*. La sexta palabra *"Consumado es"*, es el grito de victoria, porque el propósito de Dios se ha hecho realidad. En la séptima palabra, Jesús confió en quien lo había enviado: *"Padre, en tus manos encomiendo mi espíritu"*.

ORACIÓN: Te damos gracias Señor, por el sacrificio de Jesús por nosotros. Ayúdanos a ser obedientes y fieles como él lo fue. Amén.

Pensamiento para el día

Nuestra confianza en el Señor es expresión de nuestra lealtad a él.

Nicolás Obispo Pérez (Santo Domingo, República Dominicana)

Oremos: Por una comprensión mayor del significado de la muerte de Jesús

LISTA DE TEXTOS USADOS

ÍNDICE DE CITAS BÍBLICAS

ANTIGUO TESTAMENTO Página